Cris Hangelin

Das Leben von Jeanne Bécu, Comtesse du Barry

Von Maid zu Madame

Sprachniveau B1

Deutsch-Englisch

LANGUAGE PRACTICE PUBLISHING

1

Impressum

Das Leben von Jeanne Bécu, Comtesse du Barry von Maid zu Madame

von Cris Hangelin

Graded German Readers, Volume 21

Homepage www.audiolego.com

Images by Freepik

Copyright © 2023 Language Practice Publishing

Copyright © 2023 Audiolego

Alle Rechte vorbehalten. Das Werk ist urheberrechtlich geschützt.

Inhaltsverzeichnis
Table of contents

The playback speed

The book is equipped with the audio tracks. With the help of QR codes, call up an audio file in no time, without typing a web address manually. VLC media player is recommended to control the playback speed.

EINFÜHRUNG

Introduction

Die Audiodatei

Lassen Sie mich Ihnen die Geschichte eines ganz gewöhnlichen Mädchens erzählen, das zu einem der einflussreichsten Mitglieder des französischen Königshofs heranwuchs. Zu Beginn des 18. Jahrhunderts war Frankreich ein prächtiges Königreich, das für seine luxuriösen Schlösser und Burgen bekannt war. Vielleicht haben Sie schon vom Sonnenkönig gehört, auch bekannt als Ludwig der Große?

Ludwig XIV. (1638 - 1715) wurde von seinem Volk als Wunder, als himmlisches Geschenk Gottes angesehen. Und er selbst glaubte, dass dies seine Herrschaft grenzenlos machte. Also, konzentrierte er sich darauf, seine Macht zu vergrößern und sein

Let me tell you a story of a common girl who grew up to become one of the most influential members of the French royal court. In the beginning of the 18th century, France was a magnificent kingdom known for its luxurious palaces and castles. You might have heard of the Sun King, also known as Louis the Great?

Louis XIV (1638 - 1715) had been seen by his people as a miracle, a heavenly gift from God. And he himself believed that this made his rule boundless. So he focused on growing his power and improving his kingdom.

Königreich zu verbessern. Er führte viele bedeutende Reformen durch und baute auch das Schloss von Versailles. Dieser großartige Palast symbolisierte seine Erfolge. Und als er 1715 starb, hinterließ er seinem Urenkel Ludwig XV. (1710 - 1774) ein blühendes Königreich. Bald jedoch begannen sich die Dinge zu ändern.

Während der Regierungszeit Ludwigs XV. beginnt unsere eigentliche Geschichte. Jeanne Bécu wurde 1743 geboren und hätte, wenn die Dinge so gelaufen wären, wie sie normalerweise verlaufen wären, ein sehr ruhiges und unbedeutendes Leben als Bürgerin geführt. Sie war ein uneheliches Kind, ihre Mutter war damals eine unverheiratete Näherin. Ein Mädchen ohne bekannten Vater, ohne königliches Blut, hätte niemals den Luxus der Elite erfahren dürfen. Doch das

He made many significant reforms and he also built the Palace of Versailles. This grand palace symbolized his successes. And when he died in 1715, he left his great-grandson Louis XV (1710 - 1774) a flourishing kingdom. Soon things began to change.

It is during Louis XV's reign that our real story starts. Jeanne Bécu was born in 1743 and, if things had gone as they normally would have, she should have lived a very quiet and unimportant life as a commoner. She was an illegitimate child, her mother was an unmarried seamstress at the time. A girl with no known father, no royal blood should have never experienced the luxuries of the elite. But fate had

Schicksal hatte andere Pläne mit ihr.

Jeanne Bécu trotzte allen Widrigkeiten und verwandelte sich zunächst von einer gewöhnlichen Magd in eine begehrte Kurtisane. Und dann erregte sie die Aufmerksamkeit von Louis XV und wurde Madame du Barry, eine Dame mit Titel und die Mätresse des Königs. Es war eine Liebesaffäre, besonders von Seitens des Königs. All das hat Jeanne nicht allein erreicht. Sie hatte etwas Hilfe von ihrem alten Liebhaber Jean-Baptiste (1723 - 1794), Comte du Barry, der später ihr Schwager werden sollte.

Trotz des Luxus, der ihr als Dame und Mätresse des Königs zuteil wurde, war ihr Leben am Hof nicht immer einfach. Während sie einige Verbündete und Freunde hatte, hatte sie auch viele Feinde.

other plans for her.

Jeanne Bécu defied all odds and transformed herself first from a common maid to a desired courtesan. And then she captured the eye of Louis XV and became Madame du Barry, a titled lady and the king's mistress. Theirs was a love affair, especially from the king's side. Jeanne did not achieve all of this on her own. She had some help from her old lover Jean-Baptiste (1723 - 1794), Comte du Barry, who would later become her brother-in-law.

Despite the luxuries bestowed to her as a lady and the king's mistress, her life in court wasn't always an easy one. While she did have some allies and friends, she also had many enemies. The

Die bemerkenswerteste ist Marie Antoinette, die sie wegen ihrer gemeinsamen Herkunft und ihrer unmoralischen Art verachtete. Jeannes Verwandlung in eine Dame mit Titel führte später auch zu ihrem schrecklichen Ende während der Schrecken der Französischen Revolution. Ihr Leben hätte ein unwichtiges sein können, stattdessen war sie eine der einflussreichsten historischen Persönlichkeiten ihrer Zeit.

most notable one being Marie Antoinette, who despised her because of her common origins and immoral ways. Jeanne's transformation to a titled lady also later led to her horrible end during the terrors of the French Revolution. Her life could have been an unimportant one, but instead she was one of the most influential historical figures of her time.

KAPITEL 1

Ein bescheidener Anfang
A Humble Beginning

Es war eine warme Augustnacht in einer kleinen Stadt namens Vaucoulers im Jahr 1743. Die meisten Bürger schliefen und sammelten Kraft für die kommende Woche. Einige Leute waren jedoch trotz der späten Stunde noch wach. Liebende treffen sich unter dem Deckmantel der Dunkelheit. Landstreicher auf der Suche nach einer Bleibe. Und in einem winzigen Schlafzimmer weinte eine werdende Mutter in Geburtswehen, während ihre Schwester als Hebamme fungiert.

„Nicht mehr lange. Du hast es fast geschafft, Anne, fast geschafft", sagte die Schwester. Sie war ein hübsch aussehendes

It was a warm August night in a small town called Vaucoulers in 1743. Most of the citizens were asleep, gathering strength for the upcoming week. However, some people were still awake despite the late hour. Lovers meeting under the guise of darkness. Vagrants looking for a place to stay. And in one tiny bedroom, a soon-to-be mother wailing in birthing pains while her sister acted as a midwife.

"Not long anymore. You're nearly there, Anne, nearly there," said the sister. She was a pretty-looking girl with

Mädchen mit freundlichen Augen und blondem Haar, aber die Frau in den Wehen war so viel hübscher. Sogar das unordentliche Haar, die Tränen des Schmerzes und die Schweißtropfen konnten nicht darüber hinwegtäuschen, dass sie eine atemberaubende Schönheit war.

„Ich halte das nicht mehr aus! Ich will nur, dass es vorbei ist, Hélène. Es tut so weh", schrie Anne. Sie lag nur in ihrem weißen Nachthemd auf ihrem Bett. Langes, blondes Haar umrahmte ihr herzförmiges Gesicht. Ihre Augen waren fest geschlossen, als ob sie versuchte, dem Schmerz auf diese Weise zu entkommen.

„Du machst das so gut; es wird nicht lange dauern. Ich kann den Kopf schon sehen", tröstete Hélène sie. Und getreu ihren Worten war ein paar Minuten

kind eyes and fair hair, but the woman in labour was so much prettier. Even the messy hair, tears of pain, and drops of sweat could not hide the fact that she was a stunning beauty.

"I can't take this anymore! I just want it to be over, Hélène. It hurts so much," Anne shrieked. She was laying on her bed in just her white nightgown. Long, blonde hair framed her heart-shaped face. Her eyes were tightly closed as if she tried to escape the pain that way.

"You're doing so well; it won't be long. I can see the head already," Hélène comforted her. And true to her words, a few minutes later a different kind of shriek could

später ein anderer Schrei zu hören. Das Weinen eines Babys, das gerade in einer hellen und kalten Welt angekommen war.

Als Anne das Geräusch hörte, seufzte sie und Tränen der Freude und Erleichterung begannen, ihre Wangen hinabzufließen. Nachdem sie ein paar beruhigende Atemzüge genommen hatte, öffnete sie ihre Augen, um zu sehen, was ihre Schwester tat. Hélène wickelte das Baby sorgfältig in eine warme, cremefarbene Decke, während sie leise ein Schlaflied summte.

„Was ist es?" fragte Anne und wartete mit angehaltenem Atem auf eine Antwort.

„Eine Tochter. Du hast eine Tochter, meine liebe Schwester. Oh, und sie ist eine Schönheit wie du!"

Annes Gesicht leuchtete vor Glück auf, als sie die Antwort

be heard. The wail of a baby who had just arrived at a bright and cold world.

Hearing the noise, Anne sighed and tears of happiness and relief started flowing down her cheeks. After taking a few calming breaths, she opened her eyes to see what her sister was doing. Hélène was carefully wrapping the baby up in a warm, cream-coloured blanket while softly humming a lullaby.

"Which one?" Anne asked and waited with bated breath for an answer.

"A daughter. You have a daughter, my dear sister. Oh, and she is a beauty like you!"

Anne's face lit up with happiness when she heard the

hörte. Sie hatte sich nach einem süßen Mädchen gesehnt, das ihre eigene kleine Prinzessin werden würde. Natürlich hätte sie sich auch über einen Jungen gefreut, wenn einer gekommen wäre. Aber Anne glaubte, ein Mädchen besser erziehen zu können als einen Jungen. Schließlich war sie selbst einmal ein kleines Mädchen gewesen.

„Lass mich sie sehen", forderte sie eifrig. Die Müdigkeit der langen und schmerzhaften Geburt war für einen Moment vergessen, als sie ungeduldig darauf wartete, ihre Tochter in ihren eigenen Armen zu halten.

„Natürlich", sagte Hélène und gurrte dann zu dem Neu-geborenen. „Hier bitte, kleiner Schatz. Bist du bereit, deine Mutter kennenzulernen?" Dann legte sie das Baby vorsichtig in

answer. She had longed for a sweet girl who would become her own little princess. Of course, she would also have loved a boy if one had come. But Anne believed she was better able to raise a girl than a boy. After all, she had once been a little girl herself.

"Let me see her," she de-manded eagerly. The fatigue brought by long and painful childbirth was forgotten for a moment as she impatiently waited to have her daughter in her own arms.

"Of course," Hélène said and then cooed to the new-born. "Here you go, little darling. Ready to meet your *maman*?" She then placed the baby carefully in Anne's wait-ing arms.

Annes wartende Arme.

Anne sah ihre Tochter verwundert an. Ihr Baby war hypnotisierend, wie ein kleiner Engel. Mit hellblauen Augen und rosigen Wangen. Helles Haar, eine süße Nase und seidig weiche Haut. Zehn zarte Finger und Zehen. Wie war es ihr gelungen, ein solches Wunder zu erschaffen und es neun Monate lang in sich zu tragen? Und wie konnte sie dafür sorgen, dass ihre Tochter so unschuldig und perfekt blieb, wie die Kleine in diesem Moment war?

„Oh mein süßer kleiner Engel. Ich bin deine Mutter. Ich liebe dich jetzt schon so sehr!" murmelte Anne leise zu ihrer Tochter, während sie sanft die Wange der Kleinen streichelte. Hélène beobachtete schweigend den kostbaren Moment zwischen Mutter und Tochter, bevor sie eine

Anne looked at her daughter in wonder. Her baby was mesmerizing, like a little angel. With pale blue eyes and rosy cheeks. Fair hair, a cute nose, and silky soft skin. Ten delicate fingers and toes. How had she been able to create such a miracle and carry it inside her for nine months? And how could she keep her daughter as innocent and perfect as the little one was at that moment?

"Oh, my sweet, little angel. I am your maman. How I love you so much already!" Anne softly murmured to her daughter while gently caressing the little one's cheek. Hélène silently watched the precious moment between mother and daughter before asking a question that had

Frage stellte, die sie die ganze Nacht beschäftigt hatte.

„Hast du an Namen gedacht?“

„Ich musste sie sehen, bevor ich mich entschied. Ich möchte, dass der Name perfekt zu ihr passt, das hat sie verdient. Sie verdient einen Namen, der einer Dame angemessen ist.“

Annes Antwort ließ Hélène seufzen. Obwohl sie verstand, dass die lobenden Worte ihrer Schwester für das Kind berechtigt waren, kannte sie ihre Schwester auch. Anne hatte die schlechte Angewohnheit, mit ihrem Kopf in den Wolken zu leben und die harten Fakten des Alltags zu vergessen.

Es war nicht so besorgniserregend gewesen, als ihre Schwester allein lebte, aber jetzt war sie allein für eine andere Person verantwortlich. Eine, die

been in her mind all night.

“Have you thought about names?”

“I needed to see her before choosing. I want the name to suit her perfectly, she deserves that. She deserves a name fit for a lady.”

Anne's answer made Hélène sigh. Although she understood that her sister's words of praise for the child were justified, she also knew her sister. Anne had a bad habit of living with her head in the clouds with dreams and of forgetting the hard facts of everyday life.

It hadn't been so worrisome when her sister lived alone, but she was now solely responsible for another person. One that would not be

noch lange nicht für sich selbst sorgen konnte. Hélène machte sich Sorgen um ihre Nichte und wie sich Annes Lebensstil auf die Zukunft des kleinen Schatzes auswirken würde. Vor allem, als das Leben des Mädchens mit einem schockierenden Skandal begonnen hatte, aber ihre Schwester dieses kleine Detail anscheinend vergessen hatte.

„Aber sie ist keine. Sie wird auch nie eine Dame sein. Egal, wie lieb sie dir, mir und unserer Familie ist. Sie ist ein gewöhnliches Mädchen und eines ohne Vater."

„Sei nicht albern. Natürlich hat sie einen Vater!" Anne protestierte lautstark. Das plötzliche grelle Geräusch erschreckte ihre Tochter und das Baby fing wieder an zu weinen.

Als Anne merkte, dass sie ihr

able to take care of itself for a long time yet. Hélène worried for her niece and how Anne's lifestyle would affect the little darling's future. Especially when the girl's life had begun with a shocking scandal, but her sister seemed to have forgotten that little detail.

"But she isn't one. Nor will she ever be a lady. No matter how dear she is to you, to me and our family. She is a common girl and one without a father."

"Don't be silly. Of course, she has a father!" Anne protested loudly. The sudden harsh noise startled her daughter and the baby started crying again.

Realizing that she had scared her child, Anne imme-

Kind erschreckt hatte, beruhigte sie sich sofort und fing an, das Baby sanft in ihren Armen in den Schlaf zu wiegen. Hélène wartete, bis sich die Kleine beruhigt hatte, bevor sie ihre Unterhaltung ruhig fortsetzte. Sie wollte die Gefühle ihrer Schwester nicht verletzen. Sie wollte Anne nur klar machen, welche Folgen ihre früheren und zukünftigen Handlungen für das Leben des Babys haben könnten

„Nicht offiziell, tut sie nicht. Jeder wird wissen, dass sie unehelich ist. Egal wohin sie geht. Und sie werden sie deswegen schlechter behandeln. Das weißt du, Anne; du hast es unzählige Male gesehen. Und dein hinfälliger Bruder wird dir oder ihr in schwierigen Zeiten nicht helfen können.“

„Er hat versprochen, sein Bestes zu geben.“

diately quieted down and started to rock the baby gently to sleep in her arms. Hélène waited until the little one had calmed down before calmly continuing their conversation. She didn't want to hurt her sister's feelings. She only wanted to make Anne realize the consequences her previous and future actions could have on the baby's life.

"Not officially, she doesn't. Everyone will know that she is illegitimate. No matter where she goes. And they'll treat her worse because of it. You know that, Anne; you have seen it happen countless times. And your lapsing friar won't be able to help you or her when the times are rough."

"He promised to do his best."

"His best is not good

„Sein Bestes ist nicht gut genug. Du bist nicht mehr allein, Anne. Du musst auch an sie denken. Sie braucht ein stabiles Zuhause, Sicherheit und genug Nahrung, damit sie wachsen kann. Du, meine Liebe, bist eine 30-jährige unverheiratete Schneiderin, die liebt und frei lebt. Man verdient kaum genug Geld für den eigenen Bedarf."

Hélènes ruhige und vernünftige Worte hatten die gewünschte Wirkung. Anne hielt inne und dachte über alles nach, was ihre Schwester gesagt hatte. Sie wollte nicht, dass ihre Tochter im Elend lebte. Sie wollte ein gutes Leben für ihren süßen Engel. Also hat sie sich geschworen, alles dafür zu tun, was sie kann. Ihr Baby würde zu einer starken Frau heranwachsen.

Der Gedanke brachte sie zum

enough. You're not alone anymore, Anne. You need to think about her too. She needs a stable home, security, and enough food to help her grow. You, my dear, are a 30-year-old unmarried seamstress loving and living freely. You barely make enough money for your own needs."

Hélène's calm and reasonable words had the desired effect. Anne paused and thought about everything her sister had said. She didn't want her daughter to live in squalor. She wanted a good life for her sweet angel. So she made a vow to herself that she would do everything she possibly could to make that happen. Her baby would grow up to be a strong woman.

The thought made her smile as she gazed down at

Lächeln, als sie auf ihre schlafende Tochter hinunterblickte. Stark, schön und mutig. Das waren die Eigenschaften, die sie ihrem Baby geben wollte. In Gedanken stellte sie sich ihr Baby vor, ganz erwachsen, wie es selbstständig durch die Wiesen ritt, die blonden Haare im Wind wehten. Plötzlich wusste sie, welchen Namen ihr Mädchen bekommen sollte. Sie hoffte, dass es später als Inspiration für das Kind dienen würde.

„Ich werde etwas Besseres finden. Ich werde härter arbeiten. Jeanne wird nicht verhungern."

„Jeanne?"

„Ja, ihr Name ist Jeanne. Jeanne Becu."

Das Baby schien mit der Wahl ihres Namens einverstanden zu sein, als sie in diesem Moment die Augen öffnete und ihre Mutter

her sleeping daughter. Strong, beautiful, and brave. Those were the qualities she wanted her baby to have. In her mind she imagined her baby all grown up, riding independently through the meadows fair hair blowing in the wind. Suddenly she knew what name her girl should get. She hoped that it would serve as an inspiration for the child later on.

"I will find something better. I will work harder. Jeanne won't starve."

"Jeanne?"

"Yes, her name is Jeanne. Jeanne Bécu."

The baby seemed to agree with the choice of her name, as at that moment she opened her eyes and looked wonderingly at her mother and aunt. Both women smiled at her

und Tante verwundert ansah. Beide Frauen lächelten sie sanft an.

„Weißt du, ihr könntet beide mit mir nach Paris kommen. In der großen Stadt gäbe es für euch beide mehr Möglichkeiten", sagte Hélène zu ihrer Schwester. Sie hätte den Kleinen gerne aufwachsen sehen, und indem sie beide nahe beieinander hielt, konnte sie sicherstellen, dass Anne ein verantwortungsbewusster Elternteil war. Aber Anne war mit der Idee nicht sehr zufrieden. Sie liebte die Freiheit, die ihr ihre Heimatstadt bot.

„Paris? Ich denke nicht."

Die schroffe Antwort machte Hélènes Hoffnungen zunichte.

„Nun, falls du jemals deine Meinung änderst, weißt du, wo du mich findest."

softly.

"You know, you both could come with me to Paris. There would be more options for you both in the great city," Hélène said to her sister. She would have loved to see the little one grow and by keeping them both close she could make sure that Anne was a responsible parent. But Anne was not very pleased with the idea. She loved the freedom her hometown offered her.

"Paris? I think not."

The harsh answer dashed Hélène's hopes.

"Well, if you ever do change your mind, you know where to find me."

KAPITEL 2

Große Veränderungen
Big Changes

Es dauerte ein paar Jahre, aber Anne überlegte es sich schließlich anders, nach Paris zu ziehen. Das Leben mit der kleinen Jeanne war zeitweise herausfordernd genug gewesen, aber im Februar 1747 bekam sie ein weiteres Kind, einen Jungen. Da sie nicht die Unterstützung der Väter ihrer Kinder hatte, musste sie sich eingestehen, dass sie Hilfe brauchte.

So packte sie im späten Frühjahr desselben Jahres ihre mageren Habseligkeiten und verabschiedete sich von ihren alten Freunden. Einerseits freute sie sich auf die Aussicht, in der Hauptstadt zu leben, und andererseits fühlte sich alles ein

It took a couple of years, but Anne did eventually change her mind about moving to Paris. Life with little Jeanne had at times been challenging enough, but in February of 1747 she had another child, a boy. Not having the support of her children's fathers, she had to admit to herself that she needed some help.

So in the late spring of the same year, she packed their meagre belongings and said goodbye to her old friends. On one hand, she was excited about the prospect of living in the capital, and on the other, it all felt a bit daunting. She also

wenig beängstigend an. Sie wusste auch, dass die lange Reise durch die französische Landschaft hart und anstrengend werden würde, besonders für ihre Kinder.

Und damit hatte sie recht. Die Kutsche, in der sie reisten, war klein, schlicht und eng, aber es war das Beste, was sie sich leisten konnte. Anne versuchte, ihren aufgeregten kleinen Jungen in den Schlaf zu wiegen, während ihre Erstgeborene Jeanne in die wechselnde Landschaft ein-tauchte. Es war das erste Mal, dass das Mädchen so weit weg von zu Hause war, und sie fand es sowohl beängstigend als auch aufregend.

„Mama, wo gehen wir hin?" Sie wandte sich fragend an ihre Mutter.

„Wir fahren nach Paris, Jeanne", antwortete Anne und

knew that the long journey through the French countryside would be hard and exhausting, especially for her children.

And she was right about that. The carriage they were travelling in was small, plain, and cramped, but it was the best she could afford to hire. Anne tried to rock her agitated baby boy to sleep while her firstborn, Jeanne, was im-mersed in the changing scenery. It was the first time the girl was so far away from home, and she found it both scary and excit-ing.

"Maman, where are we going?" She turned to her mother questioningly.

"We are going to Paris, Jeanne," Anne answered, smil-ing at her daughter.

lächelte ihre Tochter an.

„Warum?“

„Wir werden bei deiner Tante Hélène wohnen. Sie lebt in Paris.“

Jeanne nickte, als sie sich daran erinnerte, dass ihre Mutter ihr einige Geschichten über Tante Hélène und Paris erzählt hatte. Es sei eine sehr große und wichtige Stadt, hatte ihre Mutter gesagt. Es gab viele große Häuser und Villen. Könige und Königinnen hatten dort irgendwann in einem großen Palast gelebt.

„Aber warum lebt Tante Hélène in Paris?“ fragte Jeanne als nächstes.

„Sie arbeitet für eine Frau, die die Frau des Bibliothekars des Königs ist. Stell dir das vor, mein süßer Engel. Der Bibliothekar des Königs!“

Der Bibliothekar des Königs?

"Why?"

"We are going to live with your aunt Hélène. She lives in Paris."

Jeanne nodded as she remembered her mother telling her some stories about aunt Hélène and Paris. It was a very big and important city, her mother had said. There were a lot of great houses and mansions. Kings and Queens had at some point lived there in a big palace.

"But why does aunt Hélène live in Paris?" Jeanne asked next.

"She works for a woman who is the wife of the king's librarian. Imagine that, my sweet angel. The King's Librarian!"

The King's librarian? Jeanne

dachte Jeanne. Es klang nach einer wichtigen Arbeit. Vor ihrem geistigen Auge sah sie Paläste und riesige Räume voller alter Bücher. Würde der Bibliothekar mit dem König im Palast wohnen? Wie sonst sollte er sich um all diese Bücher kümmern? Doch schon bald wurden Jeannes Gedanken unterbrochen, als ihre Mutter weitersprach.

„Deine Tante Hélène muss es dort drüben sehr schön haben. Und sie hat uns freundlicherweise eingeladen, auch bei ihr zu wohnen. Klingt das nicht nach Spaß?" fragte Anne aufgeregt Jeanne.

„Ja, Mutter. Aber was machen wir dort?"

„Nun, deine Mama muss sich irgendeine Arbeit suchen. Menschen brauchen immer Näherinnen. Und du, mein Engel, wirst

thought. It sounded like an important work. In her mind she saw palaces and huge rooms filled with old books. Would the librarian live in the palace with the King? How else would he take care of all those books? But soon Jeanne's thoughts were interrupted as her mother continued to speak.

"Your aunt Hélène must have a really nice time over there. And she has kindly invited us to live with her too. Doesn't that sound like fun?" Anne asked Jeanne excitedly.

"Yes, maman. But what are we going to do there?"

"Well, your mamanhas to find some kind of work. People always need seamstresses. And you, my angel, will have new pretty dresses and might even

neue hübsche Kleider haben und vielleicht sogar zur Schule gehen, wenn du etwas älter bist.“

„Was ist mit Claude?“

„Dein kleiner Bruder wird auch zur Schule gehen, wenn er älter ist. Bis dahin werden wir gemeinsam Spaß haben. Vielleicht sehen wir sogar den König selbst!“

Für Jeanne war die Vorstellung, eines Tages den König zu sehen, so aufregend. Sie liebte es, Geschichten über die Royals zu hören, und sie hatte oft Prinzessinnen mit ihren Freunden gespielt. Für den Rest der Reise konzentrierte sie ihre ganze Energie darauf, die wechselnden Sehenswürdigkeiten zu betrachten, nur in der Hoffnung, dass sie vielleicht einen Blick auf einen Palast oder die Royals erhaschen würde.

Aber so sehr sie auch hinsah, sie sah auf ihrer Reise nichts, was mit der Krone zu tun hatte.

go to school when you're a little older.”

“What about Claude?”

“Your baby brother will also go to school when he’s older. Until then, we are going to have fun together. We might even see the King himself!”

For Jeanne, the idea of some day seeing the King was so very exciting. She loved to hear stories about the royals and she had often played princesses with her friends. For the rest of the journey she focused all of energy looking at the changing sights just hoping that she might see a glimpse of a palace or the royals.

But no matter how hard she looked, she didn’t see anything related to the crown on their journey. Sure, she saw many

Sicher, sie sah viele schöne Gebäude, je näher sie ihrem Ziel kamen, aber es waren auch viele Menschen und Kutschen unterwegs. Alle waren so in Eile. Die Luft war nicht mehr so frisch wie auf dem Land und man konnte nicht einmal die Vögel singen hören, da die lauten Geräusche der Stadt alles andere übertönten. Es war eine große Veränderung in Jeannes alter Heimatstadt.

Es dauerte eine Weile, aber ein paar Monate später hatte sich Jeanne an ihr neues Leben in der Großstadt gewöhnt. Sie verwandelte sich schnell in eine fröhliche, kleine Pariserin, aber plötzlich schienen alle anderen ihre Fröhlichkeit zu verlieren. Jeanne bemerkte, wie ihre Mutter und Tante traurig und besorgt wurden, obwohl sie zuvor so glücklich gewesen waren. Da sie erst vier Jahre alt war, verwirrte und verängstigte

beautiful buildings the closer they got to their destination but there were also a lot of people and carriages out and about. Everyone was in such a rush. The air wasn't as fresh as it had been in the countryside and one couldn't even hear the birds singing as the loud city sounds drowned everything else. It was a huge change to Jeanne's old home town.

It took a while but a few months later Jeanne had become accustomed with their new life in the big city. She was fast turning into a happy, little Parisian but then, suddenly, everyone else seemed to lose their cheerfulness. Jeanne noticed her mother and aunt becoming sad and worried when before they had been so happy. Being only four years old, the change confused and scared

sie die Veränderung. Und dann erhaschte sie eines Abends einen Blick auf ihre Mutter, die untröstlich in den Armen eines fremden Mannes schluchzte.

„Tante Helene, warum weint Mama?" Jeanne flüsterte Hélène zu, als ihre Tante sie ins Bett zog. Die Frage ließ Hélène innehalten und dann seufzen, als sie sich neben Jeanne auf ihr Bett setzte.

„Ach, kleiner Schatz. Sie vermisst deinen kleinen Bruder", antwortete Hélène und lächelte traurig, während sie das Haar ihrer Nichte streichelte.

„Aber wo ist Claude?" fragte Jeanne verwirrt.

„Er war zu zerbrechlich für diese Welt, Jeanne. Jetzt ist er also in den Himmel gekommen und ein Engel geworden. Er wird von dort aus auf dich aufpassen", sagte Hélène sanft zu Jeanne, ein

her. And then one evening she caught a glimpse of her mother sobbing heartbrokenly in the arms of a strange man.

"Aunt Hélène, why is maman crying?" Jeanne whispered to Hélène as her aunt was tugging her into bed. The question made Hélène pause and then sigh as she sat down next to Jeanne on her bed.

"Oh, little darling. She misses your baby brother," Hélène answered, smiling sadly as she caressed her niece's hair.

"But where is Claude?" Jeanne asked, confused.

"He was too fragile for this world, Jeanne. So now he has gone to heaven and become an angel. He will watch over you from there," Hélène gently told Jeanne, a few tears streaming

paar Tränen liefen ihr über die Wangen.

„Warum kann ich nicht auch ein echter Engel sein?"

Die unschuldige Frage entlockte Hélène ein kleines Lachen, obwohl auch noch mehr Tränen flossen. Sie brauchte einen Moment, um ihre Gedanken zu sammeln, und antwortete dann mit gebrochener Stimme.

„Es ist noch nicht deine Zeit. Du, meine Liebe, musst dein Leben in vollen Zügen genießen. Und dann, wenn deine Zeit gekommen ist, kannst du deinem kleinen Bruder alles darüber erzählen. Du musst für ihn und deine Mutter glücklich sein. Verstehst du mich, Jeanne?" fragte Hélène und sah ihrer Nichte ernst in die Augen.

„Ja, Tante Hélène. Aber wer war dieser Mann mit Mama?"

down her cheeks.

"Why can't I be a real angel too?"

The innocent question got a small laugh out of Hélène though more tears flowed down too. She took a moment to collect her thoughts and then answered in a broken voice.

"It's not your time yet. You, my dear, need to live your life to the fullest. And then when your time comes, you can tell your baby brother all about it. You need to be happy for his and your maman's sake. Do you understand me, Jeanne?" Hélène asked, looking into her niece's eyes seriously.

"Yes, Aunt Hélène. But who was that man with maman?"

„Monsieur Rançon. Er ist ein … lieber Freund deiner Mama."

Jeanne wusste, dass ihre Mutter viele liebe Freunde hatte, die sie manchmal besuchten, was Anne normalerweise zum Erröten und Lachen brachte. Jeannes Liebling von ihnen war ein Mönch in ihrer alten Heimatstadt gewesen. Er war immer nett zu ihr gewesen und hatte ihr oft lustige und interessante Geschichten erzählt. An manchen Tagen vermisste Jeanne ihn ein wenig.

„Wie der Mönch?" Jeanne fragte dann ihre Tante.

„Hoffentlich nicht. Aber jetzt, kleiner Schatz, ist es Zeit, schlafen zu gehen. Träum süß, Liebes."

Für Wochen nach diesem Abend war ihr Leben zu Hause bedrückend und ruhig. Es gab

"Monsieur Rançon. He is a… dear friend of your maman."

Jeanne knew that her mother had many dear friends who sometimes visited them, usually making Anne blush and laugh. Jeanne's favourite of them had been a monk in their old hometown. He had always been kind to her and often told funny and interesting stories. Some days Jeanne missed him a little.

"Like the friar?" Jeanne then asked her aunt.

"Let's hope not. But now, little darling, it's your time to go to sleep. Sweet dreams, my dear."

For weeks after that evening, their home life was subdued and quiet. There were no longer nights where Jeanne woke up to hear her brother wailing.

keine Nächte mehr, in denen Jeanne aufwachte und ihren Bruder klagen hörte. Sie hörte ihn nicht mehr gurgeln oder gurren, wenn sie nachmittags spielte. Ihre Mutter war seltsam still und ihr Lächeln schien immer traurig zu sein, egal wie sehr Jeanne versuchte, sie aufzuheitern. Selbst Monsieur Rançon, der immer mehr Zeit mit ihnen verbrachte, brachte Anne nicht zum Lachen.

She didn't hear him anymore gurgling or cooing while she played in the afternoons. Her mother was strangely silent and her smiles always seemed sad no matter how hard Jeanne tried to cheer her up. Even Monsieur Rançon, who spent more and more time with them, couldn't make Anne laugh.

KAPITEL 3

Ein Hauch von Luxus
A Taste of Luxury

Es dauerte einige Zeit, aber im Laufe der Monate schien Jeannes Mutter ihren Kummer loszulassen und etwas von ihrem alten Glanz zurückzugewinnen. Jeanne liebte es, ihre Mutter fröhlich zu sehen und sie wieder lachen zu hören, obwohl es immer noch Tage gab, an denen sie alle Claude vermissten. Doch schon bald hatten sie Grund zum Feiern. Monsieur Rançon hatte Anne einen Heiratsantrag gemacht und sie hatte Ja gesagt.

Sie heirateten kurz darauf und plötzlich hatte Jeanne einen Stiefvater. Sie war sich nicht ganz sicher, wie sie sich dabei fühlte. Einerseits hatte sie ihre Mutter fast ihr ganzes Leben lang ganz für sich gehabt, andererseits

It took some time but slowly, as the months went by, Jeanne's mother seemed to let go of her sorrow and got some of her old sparkle back. Jeanne loved seeing her mother cheerful and hearing her laugh again though there were still days when they all missed Claude. But soon they had a reason to celebrate. Monsieur Rançon had proposed to Anne and she had said yes.

They got married shortly after and suddenly Jeanne had a step-father. She wasn't quite sure how she felt about it. On one hand she had had her mother all to herself most her

schien Papa Rançon, wie sie ihn nennen sollte, ein netter Mann zu sein. Er war nicht so lustig wie der Mönch, aber er war in Ordnung.

Gerade als Jeanne sich an ihr neues Leben mit zwei Eltern gewöhnt hatte, beschloss das Schicksal einzugreifen. Ihrem Stiefvater wurde eine großartige Arbeitsmöglichkeit angeboten, die viele Reisen beinhalten würde. Und auch wenn es kein endgültiger Abschied bedeutete, sie und ihre Mutter würden wieder allein sein. Doch obwohl Jeanne es damals nicht wusste, hatte das Schicksal auch andere Pläne mit ihr.

„Jeanne, ich möchte, dass du jemanden kennenlernst", sagte Anne eines Nachmittags.

Sie hatte Jeanne mitgenommen, um einige Besorgungen zu erledigen, und unterwegs waren sie in einem großen Stadthaus

life, but on the other hand papa Rançon, as she was asked to call him, seemed like a nice man. He wasn't as funny as the friar but he was alright.

Just as Jeanne had gotten used to her new life with two parents, fate decided to intervene. Her step-father was offered a great work opportunity that would include a lot of travelling. And even if it didn't mean a final goodbye, she and her mother would be alone again. But though Jeanne didn't know it at the time, fate had other plans for her too.

"Jeanne, there's someone I would like you to meet," Anne said one afternoon.

She had taken Jeanne with her to run some errands and along the way they had ended

gelandet, wo sie zu einer Art Bibliothek geleitet worden waren.

„Das ist Monsieur Dumonceaux. Erinnerst du dich, warum Papa Rançon nach Korsika gegangen ist? Monsieur Dumonceaux gab Ihrem Stiefvater freundlicherweise diese wunderbare Gelegenheit. Und er hat Ihrer Mutter auch eine wunderbare Stelle angeboten, die für einen lieben Freund von ihm arbeitet", stellte Anne ihrer Tochter den dunkelhaarigen Mann vor, der hinter einem beeindruckenden Schreibtisch saß.

Der Mann stand auf und kam um seinen Schreibtisch herum, um sich vor Jeanne zu knien.

„Es ist mir eine Freude, Sie endlich kennenzulernen, Mademoiselle Bécu. Was für eine Schönheit du bist! Dumonceaux, zu Ihren Diensten", sagte er und neigte ein wenig den Kopf.

up in a big town house where they had been directed to a library, of sorts.

"This is Monsieur Dumonceaux. Do you remember why papa Rançon left for Corsica? Monsieur Dumonceaux kindly gave your stepfather that wonderful opportunity. And he has also offered your maman a marvelous position working for a dear friend of his," Anne introduced the dark-haired man sitting behind an impressive desk to her daughter.

The man stood up and came around his desk to kneel before Jeanne.

"It is a pleasure to finally meet you, Mademoiselle Bécu. What a beauty you are! Dumonceaux, at your service," he said and bowed his head a lit-

Jeanne war ziemlich nervös von der plötzlichen Aufmerksamkeit. Sie war noch nie einem so imposanten Mann wie Monsieur Dumonceaux begegnet und war sich nicht sicher, ob sie sprechen sollte oder nicht. Schließlich brachte sie eine leitende Berührung ihrer Mutter dazu, entsprechend zu handeln.

„Merci, Monsieur", sagte Jeanne schüchtern und machte einen kleinen Knicks.

„Du hast eine wundervolle Tochter, Anne. Sie ist ein ziemlicher Charmeur. Ich bin sicher, Sie alle werden eine wunderbare Zeit mit Madame Frédérique haben", sagte Dumonceaux zu Jeannes Mutter, als er wieder aufstand.

Und so verließen Jeanne und ihre Mutter die Wohnung von Tante Hélène und zogen in ihre eigenen winzigen Zimmer in Madame Frederiques Dienstbotenquartier. Ein Jahr verging, und die kleine Jeanne hatte ihr

tle.

Jeanne was quite flustered by the sudden attention. She had never met a man as imposing as Monsieur Dumonceaux was and wasn't sure if she should speak or not. Finally, a guiding touch from her mother got her to act accordingly.

"Merci, Monsieur," Jeanne said shyly while making a small curtsy.

"You have a wonderful daughter, Anne. She is quite the charmer. I'm sure you all will have marvelous time with Madame Frédérique,"Dumonceaux said to Jeanne's mother as he stood up again.

And so Jeanne and her mother left aunt Hélène's place and moved to their own tiny rooms in Madame Frederique's servant quarters. A

Leben in Paris lieben gelernt. Der Verlust ihres Bruders wurde zu einer fernen Erinnerung, obwohl sie sich manchmal noch in ihren Abendgebeten an ihn erinnerte. Die Energie der Sechsjährigen konzentrierte sich darauf, Neues zu lernen und die Arbeitgeber ihrer Mutter und deren aufregende Freunde zu beobachten. Madame Frederique wurde schnell zu ihrem Idol.

Madame Frederique war eine beliebte Pariser Kurtisane und eine Geliebte von Monsieur Dumonceaux. Sie war eine zierliche Frau mit seidigem, kastanienbraunem Haar, blasser, glatter Haut und grünen Augen. Obwohl sie durch ihre Arbeit ziemlich wohlhabend geworden war, war sie für Anne keine herkömmliche Arbeitgeberin. Sie kümmerte sich nicht um Formalitäten und nahm Jeanne sofort unter ihre Fittiche und ließ das Mädchen ihr zusehen, wie sie sich für ihre verschiedenen

year went by, and little Jeanne had grown to love their life in Paris. The loss of her brother was becoming a distant memory, although she still sometimes remembered him in her evening prayers. The six-year-old's energy was focused on learning new things and observing her mother's employers and their exciting friends. Madame Frederique quickly became her idol.

Madame Frederique was a popular Parisian courtesan and a mistress of Monsieur Dumonceaux. She was a petite woman with silky, auburn hair, pale, smooth skin, and green eyes. Though through her work she had become quite wealthy, she wasn't a conventional employer to Anne. She didn't care for formalities and instantly took Jeanne under her wing letting

Veranstaltungen fertig machte. Sie erlaubte Jeanne sogar, einige ihrer Schönheitssachen auszuprobieren.

Jeanne hat alles gefallen. Es war, als würde man sehen, wie Prinzessinnen lebten. Als sie mit ihrer Mutter Tante Hélène besuchte, erzählte sie ihr alles, was sie gelernt, erlebt und gesehen hatte. Zum Beispiel, wie sie die Erlaubnis bekam, einige von Madames Parfums auszuprobieren. Und wie manchmal Madame Frederique ihren Friseur auch Jeannes Haare machen ließ. Und wie schön Madames Kleider waren. Ihr Material war so weich. Jeanne wusste das, weil sie sie berühren durfte.

Madame Frederiques Leben schien so wunderbar und schön, dass Jeanne so sein wollte, wenn sie aufwuchs. Sie erzählte Tante Hélène von ihrem neuen Traum, die von der Nachricht ziemlich

the girl watch her as she got ready for her different events. She even allowed Jeanne to try some of her beauty things.

Jeanne loved it all. It was like seeing how princesses lived. So when she and her mother visited aunt Hélène, she told her everything she had learned, experienced, and seen. Like how she got permission to try out some of Madame's perfumes. And how sometimes Madame Frederique let her hairdresser do Jeanne's hair too. And how beautiful Madame's gowns were. Their material was so soft. Jeanne knew that because she had gotten to touch them.

Madame Frederique's life seemed so marvelous and lovely that Jeanne wanted to be like her when she grew up. She told her new dream to aunt Hélène, who was quite

überrascht war. Hélène wagte es nicht, ihrer Nichte etwas über das Thema zu sagen, versprach aber, mit Anne darüber zu sprechen. Die Vorstellung, dass ihre kleine, unschuldige Nichte eine Kurtisane werden könnte, war absurd. Später am Tag, als Jeanne ein Nickerchen machte, ging Hélène schließlich auf Anne zu.

„Ist das klug, Anne? Die kleine Jeanne so viel Zeit mit dieser Kurtisane verbringen zu lassen", fragte Hélène ihre Schwester.

„Was meinst du? Was könnte es schaden? Sie hat Spaß, Hélène. Sie ist jeden Tag so aufgeweckt und sprudelnd", antwortete Anne verwirrt.

„Sie träumt davon, eine Kurtisane zu sein! Ich weiß, dass Sie frei gelebt haben, aber wollen Sie wirklich, dass Ihre eigene Tochter diese Schande trägt?"

taken aback by the news. Hélène didn't dare to say anything about the subject to her niece but vowed to talk about it with Anne. The idea of her little, innocent niece becoming a courtesan was preposterous. So later in the day, when Jeanne was napping, Hélène finally approached Anne.

"Is it wise, Anne? Letting little Jeanne spend so much time with that courtesan," Hélène asked her sister.

"What do you mean? What harm could it do? She has fun, Hélène. She is so bright and bubbly everyday," Anne answered, confused.

"She dreams of being a courtesan! I know you have lived freely but do you really want your own daughter to

„Wenn es sie dahin bringen würde, wo Madame Frédérique jetzt ist, warum dann nicht? Sie würde versorgt werden. Sie hätte Luxus, den wir nie haben werden", versuchte Anne zu erklären.

„Und sie würde all das bekommen, indem sie jede Nacht mit Schurken, Betrunkenen und Spielern schlief! Sie würde täglich Sünden begehen", entgegnete Hélène.

„Die Kirche mag es als unmoralisch und sündig ansehen, aber jeder tut es, nicht wahr? Alle Reichen dürfen aufgrund ihres Status und Reichtums ein bisschen sündig sein. Warum können wir nicht dasselbe tun?"

„Apropos Kirche, was hält ihr Vater von deinen Plänen? Hast du ihm von den neuen Träumen der kleinen Jeanne erzählt?"

carry that shame?"

"If it would get her where Madame Frédérique is now, then why not? She'd be taken care of. She'd have luxuries that we won't ever have," Anne tried to explain.

"And she'd get all of that by sleeping with rogues, drunks, and gamblers every night! She'd commit sins daily," Hélène argued back.

"The church might see it as immoral and sinful, but everyone does it, don't they? All the wealthy ones are allowed to be a bit sinful because of their status and wealth. Why can't we do the same?"

"Speaking of the church, what does her father think of these plans of yours? Have you told him of little Jeanne's new dreams?"

„Jeanne hat keinen Vater", sagte Anne etwas gereizt.

„Man kann sich nicht aussuchen, wann er ihr Vater ist und wann nicht. Sie wollten beide, dass er eine Rolle in ihrem Leben spielt!"

„Er möchte, dass sie in die Schule für Mädchen geht, die Gefahr laufen, auf unmoralische Wege zu verfallen."

„Vielleicht wäre es das Beste?"

„Aber sie ist jetzt so glücklich! Und Dumonceaux hat angeboten, ihr zu helfen, wenn es soweit ist."

„Daran denken Sie doch nicht ernsthaft, oder doch? Wenn sie zur Schule geht, findet sie später eine respektable und ehrliche Arbeit. Und wenn sie Glück hat, heiratet sie vielleicht einen guten Mann, jemanden, der sein Bestes tut, um sich um sie zu kümmern", argumentierte Hélène.

"Jeanne doesn't have a father," Anne said a bit petulantly.

"You cannot pick and choose when he is her father and when he isn't. You both wanted him to have some role in her life!"

"He wants her to go to school for girls in danger of falling into immoral ways."

"Maybe it would be for the best?"

"But she is so happy now! And Dumonceaux has offered to help her along when the time comes."

"You're not seriously considering that, or are you? If she goes to school, she can find respectable and honest work later on. And if she's lucky she might marry a good man, someone who would do his best to take care of her," Hélène reasoned.

„Ich werde es mir überlegen", sagte Anne schließlich, und die Sache wurde für eine Weile fallen gelassen.

"I'll consider it," Anne finally said, and the matter was dropped for a while.

KAPITEL 4

Erste Liebe

First Love

Angesichts des Drucks an mehreren Fronten beschloss Anne schließlich, ihre Tochter zur Schule zu schicken. Als Jeanne von diesen Plänen erfuhr, war sie sowohl traurig als auch aufgeregt. Traurig, weil es bedeutete, ihre Mutter zurückzulassen und Madame Frederique lange nicht zu sehen. Aufgeregt, weil es ein Abenteuer nur für sie wäre und sie wichtige Dinge lernen würde. Dazu mischte sich etwas Angst. Wie würden die Lehrer sein? Würde sie Freunde finden?

Aber es gab keinen Grund zur Sorge: Jeanne blühte in der Schule auf. Sie liebte Bücher, sobald sie richtig lesen gelernt hatte, und sie hatte auch ein Auge

In the end, when faced with pressure on multiple fronts, Anne decided to send her daughter to school. When Jeanne was told about these plans, she was both sad and excited. Sad, because it meant leaving her mother behind and not seeing Madame Frederique for a long time. Excited because it would be an adventure just for her and she would get to learn important things. Mixed with those was some anxiety. What would the teachers be like? Would she get any friends?

But there was no need for worries: Jeanne flourished in school. She loved books once she learned to read properly

für Kunst. Für die strengen Zeitpläne brauchte sie etwas Zeit, um sich daran zu gewöhnen, aber sie hatte keine allzu großen Probleme damit. Und sie hatte insofort viele Freunde, die so gesprächig und fröhlich waren wie sie. Sie liebte es, ihre neuen Freunde mit ihren Geschichten von Madame Frederique zu beeindrucken und mit ihnen ihre eigene beeindruckende Zukunft zu planen.

Acht Jahre vergingen und plötzlich beendete Jeanne ihr Studium. Mit fünfzehn Jahren war sie zu der Schönheit geworden, die ihr alle vorhergesagt hatten. Große Blondine mit schönen blauen Augen, einer zierlichen Nase und einem kleinen Mund. Sie war eine fröhliche und lebhafte junge Frau mit großen Ambitionen. Sie wollte ein besseres Leben als ihre

and she had an eye for arts too. The strict schedules took some time to get used to, but she didn't have too much trouble with it. And she instantly got many friends being as chatty and cheerful as she was. She loved to impress her new friends with her tales of Madame Frederique and plan her own impressive future with them.

Eight years flowed by and suddenly Jeanne was finishing her studies. At fifteen years old she had become the beauty everyone had predicted her to be. Tall blonde with lovely blue eyes, a petite nose, and a small mouth. She was a cheerful and lively young woman with big ambitions. She wanted a better life than her mother had, and she wasn't

Mutter, und ihre gemeinsame Herkunft würde ihr dabei nicht im Wege stehen. Sie war sich nur nicht sicher, wo sie anfangen sollte. Zum Glück hatte ihre Tante eine Idee.

„Schau dich an, kleiner Schatz, du bist jetzt erwachsen", schwärmte Hélène, als Jeanne sie besuchte.

„Ich bin nicht mehr klein, Tante Hélène. Ich bin jetzt eine Frau", antwortete Jeanne lachend.

„Ja ja, du bist jetzt eine junge Frau, Jeanne. Alle waren mit fünfzehn mit der Schule fertig. Wie fühlst du dich?"

„Ich freue mich darauf, jetzt mein eigenes Leben zu beginnen, aber ich werde meine Schulfreunde sehr vermissen. Wir hatten so eine lustige Zeit zusammen!"

„Du wirst es gut machen, da bin ich sicher, wenn du bereit bist, hart zu arbeiten", sagte

going to let her common origins be in the way of that. She just wasn't sure where to start. Luckily her aunt had an idea.

"Look at you, little darling, you're all grown up now," Hélène gushed when Jeanne visited her.

"I'm not little anymore, aunt Hélène. I'm a woman now," Jeanne answered, laughing.

"Yes yes, you are a young woman now, Jeanne. All finished with school at fifteen. How are you feeling?"

"I'm eager to start my own life now but I shall miss my school friends dearly. We had such a fun time together!"

"You'll do well, I'm sure, if you're willing to work hard," Hélène said seriously, wondering if Jeanne would turn out to

Hélène ernst und fragte sich, ob Jeanne wie Anne werden würde.

„Ich bin bereit und hoffe, dass ich bald etwas finde", sagte Jeanne ruhig zu ihrer Tante.

Die Antwort ließ Hélène breit strahlen.

„Apropos, ich habe vielleicht eine Überraschung für dich", sagte sie.

„Oh?"

„Ich habe dir einen Ausbildungsplatz gesichert. Das ist eine großartige Gelegenheit!"

„Was ist das für eine Ausbildung?" fragte Jeanne zögernd. Obwohl sie ihre Tante liebte, wollte sie nicht wie Hélène ihr Leben als Dienstmädchen fristen.

„Du wirst die Chance haben, die Geheimnisse des Friseurhandwerks zu lernen!"

Hélènes Antwort überraschte

be like Anne.

"I am willing and I hope I'll find something soon," Jeanne told her aunt calmly.

The answer made Hélène beam widely.

"Speaking of that, I might have a surprise for you," she said.

"Oh?"

"I have secured an apprenticeship for you. It's a splendid opportunity!"

"What kind of apprenticeship is it?" Jeanne asked hesitantly. Though she loved her aunt, she didn't want to end up slaving her life away as a maid like Hélène.

"You will have a chance to learn the secrets of being a hairdresser!"

Hélène's answer surprised Jeanne. A hairdresser? She

Jeanne. Ein Friseur? dachte sie und ihre Gedanken wanderten zu ihren Kindheitsjahren. Sie erinnerte sich, wie Madame Frederique beim Frisieren zugesehen hatte. Es schien damals wie eine Kunstform.

„Friseure sind derzeit sehr gefragt, besonders hier in Paris. Wenn du gut abschneidest, bekommst du vielleicht sogar die Chance, für die Royals zu arbeiten!" Hélène fuhr fort, ohne sich der kurzen Reise ihrer Nichte in die Vergangenheit bewusst zu sein.

„Klingt perfekt! Vielen Dank, liebe Tante", antwortete Jeanne und umarmte ihre Tante. Diese neue Ausbildung könnte ihre Chance sein, einen Fuß in die Tür für ein viel besseres Leben zu bekommen.

Ein paar Tage später klopfte Jeanne an die Haustür eines

thought and her mind strayed to her childhood years. She remembered watching Madame Frederique get her hair done. It seemed like an art form then.

"Hairdressers are very wanted right now, especially here in Paris. If you do well, you might even get a chance to work for the royals!" Hélène continued, unaware of her niece's short trip down the memory lane.

"Sounds perfect! Thank you so much, dear aunt," Jeanne answered, hugging her aunt. This new apprenticeship could be her opportunity to get her foot in the door for a much better life.

A couple of days later Jeanne knocked on the front door of a nondescript town-

unscheinbaren Stadthauses. Sie war dort, um ihren neuen Mentor zu treffen. Sie erwartete einen ergrauenden Mann mittleren Alters zu sehen und war ziemlich überrascht, als ein ziemlich junger Mann die Tür öffnete. Und er war nicht nur jung, sondern auch ziemlich gutaussehend mit hellbraunem Haar, grauen Augen und einem gut definierten Kinn. Er sah Jeanne fragend an.

„Bonjour, ich soll Monsieur Lametz treffen?" sagte Jeanne zögernd; vielleicht hatte Tante Hélène ihr die falsche Adresse gegeben. Dieser auffällige Mann konnte unmöglich nur ein Friseur sein.

Als er ihre fragende Aussage hörte, breitete sich auf dem Gesicht des jungen Mannes ein zufriedenes Lächeln aus.

„Ah, du musst mein neuer Lehrling sein. Monsieur Lametz,

house. She was there to meet her new mentor. Expecting to see a graying middle-aged man, she was quite surprised when a fairly young man opened the door. And not only was he young but also rather handsome with light brown hair, grey eyes, and a well-defined jawline. He looked at Jeanne questionably.

"Bonjour, I am supposed to meet Monsieur Lametz?" Jeanne said hesitantly; maybe aunt Hélène had given her the wrong address. This striking man couldn't possibly be just a hairdresser.

Hearing her questioning statement, the young man's face split into a pleased smile.

"Ah, you must be my new apprentice. Monsieur Lametz, at your service!" he said and

zu Ihren Diensten!" sagte er und verbeugte sich übertrieben, was Jeanne erröten ließ.

„Jeanne Bécu, bei dir", antwortete sie, sehr erfreut darüber, wie sich die Dinge entwickelt hatten. Ihre Mentorin war offenbar ein bisschen charmant, nicht dass es ihr etwas ausmachte. Wenn überhaupt, wäre das Erlernen der Friseurkunst nicht langweilig. Monsieur Lametz lud sie dann ein, um die praktischen Aspekte ihrer Vereinbarung zu besprechen. Und so begann ihre Ausbildung.

Von einem Mann zu lernen, der in seinem eigenen Job sehr talentiert war, war sowohl wunderbar als auch hart. Die Tage waren lang, aber nie ganz gleich. Die Kunden von Monsieur Lametz waren meist ziemlich wohlhabend und viele der Damen klatschten gern, während ihre Haare gekämmt, gezogen und

bowed exaggeratingly, making Jeanne blush.

"Jeanne Bécu, at yours," she answered, quite pleased about how things had turned out. Her mentor was apparently a bit of a charmer, not that she minded it. If anything, learning the arts of hairdressing wouldn't be boring. Monsieur Lametz then invited her inside to discuss the practicalities of their arrangement. And so her apprenticeship began.

Learning from a man who was very talented in his own job was both wonderful and rough. The days were long but never quite the same. The clients of Monsieur Lametz were most rather wealthy and many of the ladies liked to gossip while their hair was getting combed, pulled, and

festgesteckt wurden. Jeanne liebte es, ihre spannenden Geschichten zu hören, hatte aber oft nicht die Zeit, ihnen einfach nur zuzuhören, da ihr Mentor sie normalerweise brauchte, um verschiedene Kämme und Nadeln für ihn zu holen.

Als Mentor war Monsieur Lametz fair und geduldig, erwartete aber auch viel von ihr. Obwohl die Ausbildung so funktioniert. Man musste bereit sein, hart und lange zu arbeiten, bevor man das Handwerk beherrschte. Jeanne störte die Arbeitsbelastung nicht so sehr, aber sie hasste unhöfliche Kunden und ihre abfälligen Bemerkungen. Obwohl sie das Gefühl hatte, dass Lametz versuchte, sie so gut wie möglich zu beschützen.

Bald begann sich die Beziehung, die sie zu ihrem Mentor hatte, zu ändern. Es fing

pinned. Jeanne loved hearing their exciting tales but didn't often have the time to just listen to them, as her mentor usually needed her to fetch different combs and pins for him.

As a mentor, Monsieur Lametz was fair and patient but also expected a lot from her in return. Though that's the way apprenticeships worked. One had to be willing to work hard and long before mastering the trade. Jeanne didn't mind the workload so much, but she hated rude clients and their snide remarks. Though she had a feeling that Lametz tried to shelter her as much as he could.

Soon the relationship she had with her mentor began to change. It started small with

klein an mit kurzen Blicken und zufälligen Berührungen. Komplimente für ihre Arbeit wurden zu Komplimenten über ihr Aussehen und ihre Persönlichkeit. Jeder neue Tag mit Monsieur Lametz brachte mehr Schmetterlinge in Jeannes Bauch. Er schien es zu genießen, sie erröten zu lassen.

„Ich habe noch nie ein Mädchen wie dich getroffen, meine süße Jeanne", sagte er, während er ihre Wange streichelte.

Aus unschuldigen Berührungen wurden zielgerichtetere. Kuss auf die Hand beim Abschied. Auf die Wange beim Hallo sagen. Auf den Lippen, wenn sie allein in seinem Quartier waren. Jeanne hatte sich noch nie so gefühlt. Es war alles so aufregend und auch ein bisschen erschreckend. Zum ersten Mal in ihrem Leben hatte

brief glimpses and accidental touches. Being complimented for her work turned to compliments about her looks and personality. Every new day with Monsieur Lametz saw more butterflies into Jeanne's stomach. He seemed to enjoy making her blush.

"I've never met a girl like you, my sweet Jeanne," he would say while caressing her cheek.

Innocent touches turned to more purposeful ones. Kiss on the hand when saying goodbye. On the cheek when saying hello. On the lips when they were alone in his quarters. Jeanne hadn't felt this way before. It was all so exhilarating and a bit terrifying too. For the first time in her life she had fallen in love.

sie sich verliebt.

Sie mussten diesen neuen Aspekt ihrer Beziehung natürlich geheim halten, aber das Herumschleichen machte alles so viel intensiver. Wenn er konnte, war Monsieur Lametz ein aufmerksamer und großzügiger Liebhaber, der sie oft mit kleinen Geschenken überraschte. Jeanne war sich sicher, dass er ihre ewige Liebe war. Dass sie heiraten würden, wenn sie älter wäre und alleine arbeiten würde. Aber das wirkliche Leben läuft selten so, wie man es sich vorstellt.

They had to keep this new aspect of their relationship a secret, of course, but the sneaking around made everything so much more intense. When he could, Monsieur Lametz was an attentive and generous lover, surprising her often with small gifts. Jeanne was sure that he was her forever love. That when she would be older and working on her own, they would get married. But real life rarely goes as one plans.

KAPITEL 5

Jung und frei
Young and Free

Allzu früh erfuhren ihre Familien von der Affäre. Während Jeanne damit ganz gut zurechtkam, bekam Lametz' Mutter einen Wutanfall. Sie sah Jeanne als Goldgräberin, die ihren Sohn nur benutzte, um im Leben eine bessere Stellung zu erlangen. Und sie stellte sicher, dass ihr Sohn wusste, was sie über seinen Geliebten dachte. Als sanftmütige Seele hasste Monsieur Lametz Konfrontationen jeglicher Art und entschied, dass es besser für ihn sei, das Land für eine Weile zu verlassen.

„Du fliegst nach London?! Und ich? Du hast gesagt, du liebst mich. Du hast geschworen, dass wir immer zusammen sein

All too soon, their families found out about the affair. While Jeanne's was quite alright with it, Lametz's mom threw a fit. She saw Jeanne as a gold-digger who was using her son only to get a better standing in life. And she made sure that her son knew what she thought about his lover. Being a gentle soul, Monsieur Lametz hated confrontations of any kind and decided that it was better for him to leave the country for a while.

"You're leaving for London?! What about me? You said you love me. You swore we'd be together always!" Jeanne shrieked in tears when

würden!" Jeanne kreischte in Tränen, als sie von seinen Plänen hörte.

„Ich liebe dich wirklich, süße Jeanne, und ich nehme an, ich werde es immer tun, in gewisser Weise. Ich werde dich und unsere himmlische gemeinsame Zeit nie vergessen. Aber du weißt, dass die Sterne nicht auf unserer Seite sind. Es sind zu viele Leute gegen uns. Und du bist noch jung. Du wirst jemand anderen finden. Jemand, der perfekt zu dir passt", versuchte Lametz sie zu beruhigen.

„Aber ich will keinen anderen. Ich will dich. Ich brauche dich. Ich könnte mitkommen. Meine Maman hätte nichts dagegen", flehte sie verzweifelt.

„Aber, meine Süße, das ist nicht machbar. London ist kein Ort für junge Schönheiten wie dich. Es ist eine andere Welt", antwortete er she heard of his plans.

"I do love you, sweet Jeanne, and I suppose I always will, in a way. I'll never forget you or our heavenly time together. But you know that the stars are not on our side. There are too many people against us. And you are still young. You'll find someone else. Someone who is perfect for you," Lametz tried to soothe her.

"But I don't want anyone else. I want you. I need you. I could come with you. My Maman wouldn't mind," she pleaded desperately.

"But, my sweet, it's not feasible. London is not a place for young beauties like you. It's a different world," he answered calmly, but that didn't help.

ruhig, aber das half nicht.

„Es kann nicht so anders sein als Paris. Du willst mich einfach nicht dort haben. Wegen deiner Mutter. Sie ist das Problem. Sie hasst mich!" beschwerte sich Jeanne und wurde mit jeder Sekunde wütender.

„Jetzt sei nicht albern. Sie -"

„Dumm?! Ist es das, was du von mir denkst? Dass ich nur ein dummes Kind bin? Na dann, du…"

„Nein, nein, ich wollte nicht …"

„…kannst gehen. Geh einfach. Ich möchte dir nicht zur Last fallen. Ich wünschte, ich hätte dich nie getroffen! Ohne dich bin ich besser dran!" Sie schrie ihn schließlich an und verließ sein Haus, wobei sie die Tür zuschlug, als sie ging.

Nach der desaströsen Affäre mit Lametz entschied Jeanne, dass

"It cannot be that different from Paris. You just don't want me there. Because of your mother. She's the problem. She hates me!" Jeanne complained, getting angrier every second.

"Now don't be silly. She d-"

"Silly?! Is that what you think of me? That I'm just a silly child? Well then, you…"

"No no, I didn't mean-"

"…can leave. Just go. I wouldn't want to be a burden for you. I wish I had never even met you! I'm better off without you!" she finally shouted at him and left his home, banging the door closed as she went.

After the disastrous affair with Lametz, Jeanne decided that hairdressing wasn't for

Friseur nichts für sie sei. Diese Liebe und Männer waren nichts für sie. Ihr erster Liebeskummer schmerzte so sehr und sie wollte sich nie wieder so fühlen. Und zusätzlich zu dem Schmerz fühlte sie sich gedemütigt. Es war offensichtlich, dass ihr Geliebter nicht so tief für sie empfand wie sie für ihn. Sie schwor, dass sie nie wieder in dieser Position sein würde.

Anstatt sich also eine neue Lehrstelle zu suchen, beschloss sie, in die Fußstapfen ihrer Tante zu treten. Das Leben als Dienstmädchen klang nicht mehr so schrecklich, sondern beruhigend und befreiend. Sie wäre von niemandem abhängig. Jeanne kanalisierte den Schmerz und die Wut, die sie empfand, in ihre Arbeit. Während es am Anfang hart war, heilt die Zeit alle Wunden und nach einigen

her. That love and men weren't for her. Her first heartbreak hurt so much and she never wanted to feel that way again. And on top of the hurt, she felt humiliated. It was obvious that her lover hadn't felt as deeply about her as she did about him. She swore that she wouldn't ever be in that position again.

So instead of looking for a new apprenticeship, she decided to follow in her aunt's footsteps. Life as a maid didn't sound as horrible anymore but comforting and freeing. She wouldn't be dependent on anyone. Jeanne channeled the hurt and anger she felt into her work. While it was rough at first, time heals all wounds and after some months she was her old

Monaten war sie wieder ihr altes fröhliches Ich.

Ihre Schönheit und ihr jugendlicher Charme erregten bald die Aufmerksamkeit der Söhne ihrer Arbeitgeber. Während Jeanne die Aufmerksamkeit genoss, die sie von ihnen bekam, ließ sie sich nicht auf sie ein. Obwohl sie vom Herzschmerz ihrer ersten Liebe geheilt war, erinnerte sie sich immer noch an die Lektion, die sie ihr beigebracht hatte. Aber jung und lebenslustig spielte und flirtete sie mit den charmanten jungen Männern. Denn was könnte es schaden?

Unglücklicherweise für Jeanne machten sich ihre Arbeitgeber Sorgen um die Zuneigung ihrer Söhne und mögliche zukünftige Handlungen. Es war zwar nichts Falsches daran, ein bisschen zu flirten, aber es könnte zu anderen

cheerful self again.

Her beauty and youthful charm soon caught the eyes of her employers' sons. While Jeanne enjoyed the attention she was getting from them, she didn't let herself fall for them. Though she had healed from the heartbreak of her first love, she still remembered the lesson it had taught her. But being young and fun-loving, she played and flirted with the charming young men. After all, what harm could it do?

Unfortunately for Jeanne, her employers grew worried of their sons' affections and possible future actions. While there wasn't anything wrong in little flirting, it could lead to other things. The last thing

Dingen führen. Das Letzte, worüber sie sich Sorgen machen wollten, waren uneheliche Erben. Also beschlossen sie, Jeanne zu feuern.

Obwohl Jeanne überrascht und etwas verbittert über ihre Entscheidung war, war sie nicht traurig darüber, ihre Arbeit zu verlassen. Obwohl ihre Jahre als Dienstmädchen in Ordnung und manchmal sogar lustig gewesen waren, war sie reif genug, um zu wissen, dass es nichts für sie war, Dienstmädchen zu sein. Sie dachte darüber nach, wieder zum Friseur zu gehen, aber dann hörte sie von einer anderen Art von Jobangebot. Ein bekannter Kleiderladen suchte Models und Verkäuferinnen.

Modeln klang lustig, also bewarb sich Jeanne auf diese Stelle und sie bekam den Job. Sie freute sich über die Gelegenheit, im

they wanted to worry about was illegitimate heirs. So they decided to fire Jeanne.

While Jeanne was surprised and somewhat bitter about their decision, she wasn't sad about leaving her work. While her years as a maid had been alright and sometimes even fun, she had matured enough to know that being a maid wasn't for her. She thought about going back to hairdressing but then she heard of a different kind of job opportunity. A well-known dress shop was looking for models and salesgirls.

Modeling sounded fun so Jeanne applied for that position, and she got the job. She was excited to get the opportunity to work at Maison La-

Maison Labille zu arbeiten, einem der besten Geschäfte in ganz Paris. Ihre neuen Arbeitgeber waren streng und ziemlich anspruchsvoll, aber auch fair. An Wochentagen musste man sich ausschließlich auf die Arbeit konzentrieren, aber an den Wochenenden hatten Jeanne und ihre Kollegen etwas Zeit frei.

Jeanne liebte die Wochenenden und ihre neu gewonnene Freiheit. Mit den anderen Models hatte sie sich schnell angefreundet und in ihrer Freizeit erkundeten sie gemeinsam die Stadt. Sie versuchten ihr Glück beim Glücksspiel in Casinos und hatten Spaß beim Flirten mit Männern auf den Straßenfesten. Jeannes Leben war voller Farbe und Lachen. Sie wäre ziemlich glücklich gewesen, jahrelang so zu leben, aber dann traf sie den Roué.

bille, one of the finest shops in the whole of Paris. Her new employers were strict and quite demanding but also fair. On weekdays one had to focus solely on work, but on the weekends Jeanne and her coworkers had some time off.

Jeanne loved the weekends and her newfound freedom. She had quickly made friends with the other models, and they all explored the city together when they had time off. They tried their luck in gambling at casinos and had fun flirting with men in the street fairs. Jeanne's life was full of colour and laughter. She would've been quite happy living like that for years but then she met the Roué.

KAPITEL 6

Der Roue
The Roué

Eines Nachmittags Ende 1763 betrat ein gewisser Mann ihren Arbeitsplatz. An seiner schicken Kleidung und seiner Haltung war zu erkennen, dass er ein Adliger war. Allerdings hatte er auch etwas Gefährliches an sich. Er hatte ein hart aussehendes Gesicht und kalte, berechnende Augen. Jeanne erkannte diese Augen wieder, da sie ihn schon einmal gesehen hatte. Sie war im Casino zum Glücksspiel gewesen, als sie bemerkte, dass er sie studierte. Obwohl sie noch nie mit ihm interagiert hatte.

„Bonsoir, Monsieur. Wie kann ich Ihnen helfen?" fragte Jeanne, als er sich ihr näherte.

One afternoon in late 1763, a certain man walked into her workplace. It was obvious from his fancy clothes and the way he carried himself that he was a nobleman. However, there was something dangerous about him too. He had a hard-looking face and cold, calculating eyes. Jeanne recognized those eyes as she had seen him before. She had been in casino gambling when she noticed him studying her. Though she hadn't ever interacted with him.

"Bonsoir, Monsieur. How may I help you?" Jeanne asked as he approached her.

„Meine Güte, was für eine Schönheit Sie sind. Sagen Sie, arbeiten Sie gerne hier, Mademoiselle?" der Mann sagte.

„Monsieur und Madame sind ganz fair", antwortete Jeanne diplomatisch.

„Das habe ich nicht gefragt, liebes Mädchen. Sei ehrlich, bist du hier glücklich?" fragte er noch einmal und sah ihr intensiv in die Augen.

„Warum ist Monsieur so an meinem Glück oder Mangel daran interessiert? Ich weiß, wer Sie sind, und ich habe gehört, wie man Sie nennt: Der Roué. Wie viele unschuldige Mädchen haben Sie verführt, um sich diesen Titel zu verdienen?" Jeanne fuhr ihn an. Sein Blick machte sie ziemlich nervös.

Ihr Ausbruch brachte den Mann, Comte Jean-Babtiste du

"My my, what a belle you are. Say, are you happy working here, Mademoiselle?" the man said.

"Monsieur and Madame are quite fair," Jeanne answered diplomatically.

"That's not what I asked, dear girl. Be honest, are you happy here?" he asked again, looking intensively in her eyes.

"Why is Monsieur so interested in my happiness or lack thereof? I know who you are and I've heard what they call you: The Roué. How many innocent girls did you seduce to earn that title?" Jeanne snapped at him. His look made her quite nervous.

Her outburst made the man, comte Jean-Babtiste du Barry, also known as the

Barry, auch bekannt als der Roué, zum Lachen. Es schien, als wäre er mit ihrer Reaktion zufrieden.

„Ah, du hast ein bisschen Feuer in dir. Ich wusste es. Ich sehe die Möglichkeit für großartige Dinge in deiner Zukunft, aber es passiert nicht, wenn du dich in diesem dunklen Laden vergräbst. Also frage ich dich noch einmal: Bist du wirklich glücklich hier, diese wunderschönen Kleider zu modellieren und sie an arrogante Damen der Elite zu verkaufen, oder wärst du glücklicher, einige davon selbst zu besitzen?“

„Sie besitzen?“

„Ja. Und noch luxuriösere Kleider zu besitzen. Und Schmuck. Ich kann das bewirken. Ich kann dich in eine umwerfende Lady verwandeln. Wenn du so gut bist, wie ich denke, kannst du alles haben, wovon du jemals geträumt

Roué, laugh softly. It seemed as if he was pleased with her reaction.

"Ah, you have a bit of fire in you. I knew it. I see the possibility for great things in your future but it's not happening if you bury yourself in this dark shop. So I ask you again: Are you truly happy here modeling these gorgeous gowns, and selling them to arrogant ladies of the elite, or would you be happier owning some of them yourself?"

"Owning them?"

"Yes. And owning even more luxurious gowns. And jewelry. I can make that happen. I can turn you into a stunning lady. If you're as good as I think you are, you can have everything you could ever dream of," the

hast“, sagte der Roué ihr verführerisch.

„Was müsste ich tun? Sicher schlagen Sie dies nicht aus der Güte Ihres Herzens vor. Irgendwie müssen Sie davon profitieren“, sagte Jeanne vorsichtig. Sein Vorschlag schien zu gut, um wahr zu sein.

„Na, bist du nicht ein kluges Mädchen? Ich würde es genießen, Ihnen die Regeln und Etikette der High Society sowie die Geheimnisse und Künste der… anderen Natur beizubringen. Und später, sobald du alle meine Lehren gemeistert hättest, würde ich Macht bekommen“, sagte er ihr.

„Macht?“

„Ja, tatsächlich Macht. Siehst du, sobald ich fertig bin, wird sich der König höchstpersönlich in dich verlieben. Stell dir das vor, das

Roué told her seductively.

“What would I have to do? Surely you're not proposing this from the kindness of your heart. You must benefit in some way,” Jeanne said warily. His proposition seemed too good to be true.

“Well, aren't you a clever girl? I would enjoy teaching you the rules and etiquette of high society as well as the secrets and arts of… other nature. And later on, once you would have mastered all of my teachings, I'd get power,” he told her.

“Power?”

“Yes, power indeed. You see, once I'm done, the King himself will fall in love with you. Imagine that, life in the royal court... Lavish quarters

Leben am königlichen Hof … Prächtige Gemächer in Versailles … Unser König … an deiner Seite“, er beugte sich vor, um ihr verführerisch ins Ohr zu flüstern.

„Ich … ich brauche Zeit zum Nachdenken“, stammelte Jeanne.

„Nein. Du musst dich jetzt entscheiden. Ich habe eine Kutsche die wartet. Bleib hier oder komm mit?“ verlangte der Roué zu wissen und gab ihr keine Zeit zum Nachdenken.

„Lass mich meine Sachen holen“, antwortete Jeanne. Sie würde sich diese Gelegenheit nicht entgehen lassen.

„Keine Zeit dafür“, sagte er und packte sie am Ellbogen, um sie zur Tür zu führen.

„Aber meine Kleidung …!“

„Die wirst du nicht brauchen.“ Der Roué lachte und nahm sie

in Versailles… Our king… by your side,” he leaned in to whisper in her ear seductively.

“I… I need time to think,” Jeanne stammered.

“No. You need to decide right now. I have a carriage waiting. Stay here or come with me?” the Roué demanded to know, not giving her any time to think.

“Let me get my things,” Jeanne answered. She wasn't going to let this opportunity go.

“No time for that,” he said and grabbed her elbow, starting to steer her to the door.

“But my clothes…!”

“You won’t need those.” The Roué laughed and whisked her away.

mit.

Zuerst fühlte sich das Leben mit dem berüchtigten Roué unglaublich und aufregend an. Sicher, er war sehr anspruchsvoll und erwartete viel von ihr, aber er kümmerte sich auch auf seine Art um sie. Er hatte ein gefährliches Auftreten, aber er war kein gewalttätiger Mann. Nur sehr berechtigt und ehrgeizig. Er bestellte sofort neue, unglaublich schöne Kleider für sie und schenkte ihr wunderschöne kleine Schmuckstücke. Jeanne liebte die Aufmerksamkeit, die sie bekam, und versuchte ihr Bestes, um ihm zu gefallen.

Der Roué hielt sein Versprechen und brachte Jeanne verschiedene wichtige Umgangsformen und Manieren des Adels bei. Er verfeinerte auch ihre schulische Ausbildung, insbeson-

At first, life with the infamous Roué felt incredible and exciting. Sure, he was very demanding and expected a lot from her, but he also cared about her in his own way. He had a dangerous feel to him but he wasn't a violent man. Just very entitled and ambitious. He immediately ordered new, incredibly beautiful clothes for her and gave her beautiful little jewelries as gifts. Jeanne loved the attention she got and tried her best to please him.

The Roué kept his promise and taught Jeanne various important etiquettes and manners of the nobility. He also refined the education she had received at school, especially regarding art and music. When they dined alone, he

dere in Bezug auf Kunst und Musik. Als sie alleine zu Abend aßen, erklärte er ihr, wie sie Männer entweder mit ihrem Witz und ihrer Intelligenz oder ihrer Freundlichkeit bezaubern könne. Ihre gemeinsamen Nächte konzentrierten sich auf etwas unkonventionellere Lehren, da der Roué dafür sorgte, dass Jeanne auch die besten Wege lernte, Männer mit ihrem Körper zu fesseln.

Obwohl ihr Zusammenleben sehr unorthodox und unmoralisch war, fühlte sich Jeanne zu Hause. Sie könnte sich die beiden fast als Ehepaar vorstellen, wenn Roué nicht schon eine Frau hätte. Trotzdem amüsierte sich Jeanne manchmal damit, als Madame du Barry Knickse vor imaginären Königen und Königinnen zu üben. Aber sie wusste, dass ein Leben als Lady mit Titel nur in ihren

instructed her on how she could charm men with either her wit and intelligence or her kindness. Their nights together were focused on slightly more unconventional teachings, as the Roué made sure Jeanne learned the best ways to captivate men with her body as well.

Although the way they lived together was very unorthodox and immoral, Jeanne felt at home. She could almost imagine them as a married couple if Roué didn't already have a wife. Still, Jeanne sometimes amused herself by practicing curtsying to imaginary Kings and Queens as Madame du Barry. But she knew that life as a titled lady could only be poss-

Träumen möglich war. Eine angesehene Geliebte für einen Adligen zu werden, war das Beste, was sie sich realistisch erhoffen konnte.

Nach einer Weile hielt der Roué sie für bereit und beendete ihr unorthodoxes Studium. Als nächstes sollte sie seinen Freunden auf einer seiner Partys vorgestellt werden, wo sie ihre ersten Schritte als Kurtisane unter seinen wachsamen Augen machen konnte. Er war sich sicher, dass sie ein Hit werden würde, wenn sie sich an alles erinnern würde, was er ihr beigebracht hatte. Und nachdem sie einige Jahre lang Erfahrungen bei seinen Freunden und Bekannten gesammelt hatte, konnte sie dem König vorgestellt werden. Er musste nur Geduld mit seinem Plan für sie haben und hoffen, dass sie sich nicht als enttäuschend

ible in her dreams. Becoming a respected mistress for some nobleman was the best she could realistically hope for.

After a while, the Roué deemed her ready and finished with her unorthodox studies. Next she was to be introduced to his friends at a party of his where she could take her first steps as a courtesan under his watchful eye. He was sure that she would be a hit if she remembered everything he had taught her. And after a few years of gaining experience from his friends and acquaintances, she could be introduced to the king. He just had to be patient with his plan for her and hope that she didn't turn out to be dis-

herausstellte.

Jeanne enttäuschte ihn nicht. Sie war ein Naturtalent und verzauberte sofort jeden, von wohlhabenden Händlern bis hin zu aristokratischen Herzögen. Bevor die Nacht zu Ende war, hatte der Roué eine lange Liste eifriger neuer Kunden, die auf mehr Zeit mit Jeanne hofften. Sein Plan funktionierte wunderbar. Jeanne ihrerseits war erstaunt über die Aufmerksamkeit, die sie von Männern erhielt. Sie, ein gewöhnliches Mädchen, hatte Herzöge, die um ihre Aufmerksamkeit kämpften. Es hat Spaß gemacht und war so schmeichelhaft.

Die Zeit verging wie im Flug und ehe sie sich versah, lebte Jeanne fünf Jahre lang bei den Roués. Sie war 25 Jahre alt und eine der meistgewollten Kurti-

appointing.

Jeanne didn't disappoint him. She was a natural flirt and instantly charmed everyone from wealthy tradesmen to aristocratic dukes. Before the night was out, the Roué had a long list of eager new clients who were hoping for more time with Jeanne. His plan was working marvelously. On her part, Jeanne was amazed by all the attention she was getting from men. She, a common girl, had dukes fighting for her attention. It was fun and so flattering.

Time flew fast and before she knew it Jeanne had lived with the Roué for five years. She was 25 years old and one of the most wanted courte-

sanen in Paris. Sie hatte alle Erwartungen übertroffen und mehr Geld verdient, als sie sich jemals hätte vorstellen können. Wenn sie wollte, konnte sie ausgefallenen Schmuck und schöne Kleider kaufen. Sie hatte sogar eine eigene Kutsche. Aber sie wurde auch müde. So sehr gewollt zu werden hatte seine Nachteile. Sie hatte kaum Zeit, sich auszuruhen.

Als der Roué an einem Sommertag verlangte, sie zu sehen, ging sie ihm voller Beklommenheit entgegen. Sie war sich sicher, dass es bei dem Treffen um einen neuen Kunden ging. Aber sie hatte keine Ahnung, wie sie einen weiteren Kunden in ihren bereits vollen Terminkalender einbauen sollte. Sie hatte zwar Recht, dass der Roué einen neuen Kunden im Sinn hatte, aber sein Vorschlag war nicht das, was sie erwartet

sans in Paris. She had exceeded all expectations and had made more money than she could've ever imagined. She could buy some fancy jewellery and fine clothes if she so wished. She even had her own carriage. But she was also getting tired. Being wanted had its drawbacks. She barely had any time to rest.

So when the Roué demanded to see her one summer day, it was with trepidation that she went to meet him. She was sure that the meeting was about a new client. But she had no idea how she would fit another client in her already busy schedule. While she was right that the Roué had a new client in mind, his proposal

hatte.

„Endlich sind wir bereit, meine Liebe“, sagte der Roué aufgeregt, sobald sie ankam.

„Bereit? Für was?“ fragte Jeanne verwirrt.

„Morgen triffst du den König und wenn alles gut geht, wirst du seine Geliebte sein, bevor das Jahr zu Ende ist!“

wasn't what she expected.

“We are ready, at last, my dear,” the Roué told her excitedly as soon as she arrived.

“Ready? For what?” Jeanne asked, confused.

“Tomorrow you are going to meet the King and if all goes well, you'll be his mistress before the year is out!”

KAPITEL 7

Madame du Barry

Madame du Barry

Im Alter von sechzig Jahren fühlte sich Louis XV müde. Die Jahre lasteten auf seinen Schultern und er wusste, dass sein Körper und sein Geist jedes Jahr mehr und mehr schwächer wurden. Er beneidete die jüngeren Mitglieder seines Hofes um die Energie und den Enthusiasmus. Sein eigenes Leben war stumpf und farblos geworden. Früher viel geliebte Dinge verloren ihren Reiz. Seine teuren Weine schmeckten nicht mehr so und der Körper einer liebenden Frau fühlte sich nicht mehr so warm und weich an wie früher.

Er wusste, dass sich sein kleiner Kreis von Freunden und Vertrauten Sorgen machte. Die

At the age of sixty, Louis XV felt tired. The years were weighing on his shoulders and he knew that his body and mind were weakening more and more every year. He envied the energy and enthusiasm of the younger members of his court. His own life had become dull and colourless. Previously much-loved things were losing their appeal. His expensive wines didn't taste the same anymore and the body of a loving woman didn't feel as warm and soft as before.

He knew that his small circle of friends and confidants had begun to worry. The court

Hofärzte sprachen von einer Geisteskrankheit, und sie hatten recht. Sein Geist hatte sich in einen ziemlich dunklen und kalten Ort verwandelt und es schien, als wäre kein Licht in Sicht. Aber dann traf er sie. Sein helles Leitlicht. Mademoiselle Bécu, seine chérie Jeanne.

An einem Frühsommertag des Jahres 1768 sah er sie zum ersten Mal in den Gärten von Versailles. Was für eine Vision, wie sie da stand, inmitten bunter Blumenbeete, in ihrem leuchtend blauen Kleid. Mit der Sonne, die in ihr blondes Haar schien, sah sie aus wie ein Engel. Es war kein Wunder, dass sie zahlreiche attraktive, junge Männer um sich herum hatte, die versuchten, ihre Aufmerksamkeit zu erregen. Aber sie bemerkte sie nicht. Tatsächlich schien sie nur Augen für

physicians talked about an illness of the mind, and they were right. His mind had turned into quite a dark and cold place and it seemed like there would be no light in sight. But then he met her. His bright guiding light. Mademoiselle Bécu, his chérie Jeanne.

He first caught a glimpse of her in the gardens of Versailles one early summer day in 1768. What a vision she was standing there, in the middle of colourful flower beds, in her bright blue dress. With the sun shining in her fair hair, she looked like an angel. It was no wonder that she had numerous attractive, young men around her trying to get her attention. But she didn't notice them. In fact, she seemed to have eyes only for him.

ihn zu haben.

Für ihn, den alternden König! Diese schönen blauen Augen folgten schamlos jeder seiner Bewegungen. Sie schienen ihn sanft anzulächeln und ihn einzuladen, mit ihr zu flirten. Und als er sie wiederum direkt ansah, errötete sie so schön. Es war eine faszinierende Kombination aus schamloser Verführung und jugendlicher Unschuld. Schließlich rief er nach seinem Kammerdiener und wollte wissen, wer sie sei.

„Ah, ich glaube, das ist Mademoiselle Jeanne Bécu, Majestät. Sie ist neu hier", sagte ihm sein Kammerdiener.

Das erklärte, warum er eine solche Schönheit nicht gesehen hatte, bevor er durch die Gärten von Versailles streifte. Aber jetzt, wo er es getan hatte, wollte er sie.

For him, the ageing King! Those lovely blue eyes followed his every move unashamedly. They seemed to smile at him softly, inviting him to flirt with her. And when he, in turn, looked straight at her, she blushed so beautifully. It was an intriguing combination, unashamed seductiveness and youthful innocence. He finally called for his valet and demanded to know who she was.

"Ah, I believe that is Mademoiselle Jeanne Bécu, your Majesty. She's new here," his valet told him.

That explained why he hadn't seen such a beauty before roaming the gardens of Versailles. But now that he had, he wanted her. And being the King, he usually got what

Und als König bekam er normalerweise, was er wollte. Also ließ er seinen Diener Mademoiselle Bécu einladen. Eine Einladung, den Abend mit dem König in seinen Privatgemächern zu verbringen. Er musste sie ohne neugierige Blicke kennenlernen.

Mademoiselle Bécu nahm seine Einladung gnädig an und so machte sich Ludwig XV an die Arbeit. Oder besser gesagt, er ließ seine Diener arbeiten. Seine Zimmer mussten aufgefrischt werden. Seine Sachen wurden gereinigt und poliert. Zu allen Vasen wurden frische Blumen zur Dekoration gebracht. Die besten Weine wurden aus den Kellern gesucht. Die Köche wurden beauftragt, köstliche Leckereien zuzubereiten, die gut zu den Weinen passen würden. Alles musste perfekt sein.

he wanted. So he made his valet extend an invitation to Mademoiselle Bécu. An invitation to spend the evening with the King in his private quarters. He needed to get to know her away from prying eyes.

Mademoiselle Bécugraciously accepted his invitation and so Louis XV got to work. Or rather he got his servants to work. His rooms needed to be freshened up. His things were cleaned and polished. Fresh flowers were brought to all the vases for decoration. The finest wines were searched for from the cellars. The cooks were ordered to make delicious treats that would fit well together with the wines. Everything needed to be perfect.

Der neue Enthusiasmus des Königs überraschte seine Mitarbeiter, aber sie freuten sich darüber, obwohl sie sich etwas mehr Zeit gewünscht hätten, um seine Anforderungen zu erfüllen. Trotzdem waren sie an seine Launen gewöhnt und sorgten dafür, dass alles so war, wie er es sich wünschte, bevor sein Gast kam. Der König selbst war seltsam nervös und konnte nicht still bleiben, während er auf die Mademoiselle wartete. Schließlich, als er allmählich die Geduld verlor, meldete jemand, die Mademoiselle sei eingetroffen.

„Schick sie rein", erwiderte der König sofort.

Die Türen öffneten sich und Mademoiselle Bécu trat langsam ein, als wäre sie sich nicht sicher, ob das erlaubt sei. Sie blieb stehen, als sie ihn sah, und mach-

The King's new enthusiasm surprised his staff but they were happy for it even though they would have wanted a little more time to fulfill his requirements. Nevertheless, they were used to his whims and made sure everything was just as he wished before his guest arrived. The King himself was feeling strangely nervous and couldn't stay still while waiting for the Mademoiselle. Finally, just as he was starting to lose his patience, someone announced that the Mademoiselle had arrived.

"Send her in," the king replied immediately.

The doors opened and Mademoiselle Bécu walked slowly inside, as if she weren't sure if that was allowed. She stopped

te einen tiefen Knicks.

„Majestät, ich danke Ihnen für Ihre Einladung", murmelte sie leise.

Der König fand ihre plötzliche Schüchternheit bezaubernd. Er war sich nicht sicher, wie das möglich war, aber im sanften Schein der Kerzen sah sie noch schöner aus. Jetzt strahlend deutete er auf einen kleinen Tisch und fragte, ob sie etwas Wein haben möchte. Sie schien erstaunt über seine Sammlung verschiedener ausgefallener Leckereien, als sie sich setzte. Nach ein paar Gläsern Wein lief alles viel glatter, da sich Mademoiselle Bécu entspannte.

Wenn Louis XV ihr Aussehen ansprechend fand, war er auch von ihrer fröhlichen Persönlichkeit bezaubert. Sie war lebhaft und lustig, flirtete schamlos,

just as she saw him and curtsied low.

"Your majesty, I'm grateful for your invitation," she murmured softly.

The King found her sudden shyness charming. He wasn't sure how it was possible, but she looked even more beautiful in the soft glow of candles. Beaming widely now, he gestured to a small table and asked if she would like to have some wine. She seemed astonished by his collection of different fancy treats as she sat down. After a few glasses of wine, things went a lot smoother, as Mademoiselle Bécu relaxed.

If Louis XV found her looks appealing, he was also charmed by her cheerful personality.

wurde aber jedes Mal rot, wenn er ihr ein Kompliment machte. Sie kannte sich mit Kunst aus und konnte sich sowohl über die neuesten Trends als auch über die Klassiker unterhalten. Sie benahm sich wie eine Dame, hatte aber auch einige unausgereifte Angewohnheiten.

Kurz gesagt, sie war anders als jede Frau, die der König je getroffen hatte. Sie ließ ihn sich wieder jung fühlen. Jung, enthusiastisch und energisch. Sie war wie ein helles und warmes Licht nach Jahren der Kälte und Dunkelheit. Er verliebte sich schnell und konnte nicht genug von ihr bekommen. Ihr gemeinsamer Abend war nur ein Anfang. Er wollte mehr, viel mehr.

Aus einem Abend wurden zwei und dann drei. Wenn er

She was bubbly and funny, flirted unashamedly but blushed every time he complimented her. She knew things about arts and could converse about the latest trends as well as the classics. She acted like a lady but also had some unrefined habits.

In short, she was unlike any woman the king had ever met. She made him feel young again. Young, enthusiastic, and energetic. She was like a bright and warm light after years of cold and darkness. He was fast falling in love and he couldn't get enough of her. Their evening together was just a start. He wanted more, much more.

One evening turned into two and then three. If he could've, he would have kept

gekonnt hätte, hätte er sie länger bei sich behalten, aber als König hatte er auch Pflichten, die viel Zeit in Anspruch nahmen. Aber wenn sie nicht zusammen waren, plante er ihre nächsten Treffen. Bald lud er sie ein, ihn in seinen Urlaub zu begleiten. Ein kleinerer Palast mit weniger Menschen würde ihnen mehr Privatsphäre bieten. Ihre gemeinsame Zeit war wunderbar und voller Aufregung einer neuen Liebe. Aber dann war es an der Zeit, sich ihrem ersten wirklichen Kampf zu stellen.

Sehen Sie, Ludwig XV. hatte nichts von Jeannes Verbindung zum Roué gewusst. Tatsächlich war es vorsätzlich vor ihm geheim gehalten worden, unter anderem durch Bestechung seine Helferdarüber zu schweigen. Der König verachtete den Roué, obwohl der Mann ein Adliger war. Er traute dem Comte

her close longer but as the King he had duties too that took a lot of his time. But when they weren't together he planned their next meetings. Soon he was inviting her to accompany him on his vacation. A smaller palace with less people would offer them more privacy. Their time together was wonderful and full of the excitement of new love. But then it was time to face their first real struggle.

You see, Louis XV had not known about Jeanne's connection to the Roué. In fact, it had been deliberately kept a secret from him by, among other things, bribing his aides to keep quiet about it. The King despised the Roué even though the man was a noble. He didn't trust the comte at

überhaupt nicht, weil er von den machtgierigen Machenschaften des Mannes gehört hatte. Als dem König bekannt wurde, dass Jeanne bei dem Comte gelebt hatte, fühlte er sich betrogen.

Er tobte und wollte wissen, warum es geheim gehalten worden war. Welche Rolle hatte Jeanne in den Plänen der Roué? Jeanne schwor, dass sie keine Pläne hatte und dass ihre Gefühle für ihn echt waren. Dass sie nichts geplant hatte, aber Angst hatte, dass ihre Vergangenheit ihn abstoßen würde. Obwohl der König ihr gegenüber immer noch etwas misstrauisch war, wollte er ihr glauben. Er war nicht glücklich über ihre Vergangenheit als Kurtisane, aber seine Gefühle waren zu tief, um ein ernsthaftes Problem darzustellen. Also ließ er sie schwören, dass sie ihm nichts mehr vorenthalten würde. Sie

all because he had heard of the man's power-hungry machinations. So when it was revealed to the King that Jeanne had been living with the comte, he felt betrayed.

He raged and demanded to know why it had been kept a secret. What part did Jeanne have in the Roué's plans? Jeanne swore that she had no idea of any plans and that her feelings for him were real. That she hadn't plotted anything but was afraid that her past would revolt him. Though the King was still somewhat wary of her, he wanted to believe her story. He wasn't happy about her past as a courtesan but his feelings were too deep for that to be a serious problem. So he made her vow that she wouldn't keep anything else

versprach ihm das sofort und die Dinge normalisierten sich wieder.

„Oh ma chérie, ich will dich ganz für mich allein haben. Ich brauche dich hier in meiner Nähe", murmelte Louis XV ihr ins Ohr, als sie eines Nachts zusammen auf seinem Bett kuschelten.

„Aber wie konnte das passieren, meine Liebe? Vor Gericht ist kein Platz für mich", sagte Jeanne, als sie sich zu ihm umdrehte.

Louis schwieg einen Moment und dachte über ihre Frage nach. Plötzlich schien er eine Idee zu haben und lächelte breit.

„Das könnte sein, ma chérie", sagte er begeistert.

„Oh?"

„Wir könnten Sie an meinem Hof als maitresse-en-titre vor-

from him. She immediately promised him that and things went back to normal.

"Oh ma chérie, I want you all to myself. I need you here close to me," Louis XV murmured in her ear while they cuddled together on his bed one night.

"But how could that happen, my love? There's no place for me in court," Jeanne said as she turned to face him.

Louis was silent for a moment, pondering her question. Suddenly he seemed to get an idea and smiled widely.

"There could be, ma chérie," he said enthusiastically.

"Oh?"

"We could introduce you to my court as the maitresse-en-

stellen", erklärte er.

Die Position der obersten Mätresse des Königs, maîtresse-en-titre, hatte gewisse Vorteile eingebaut. Die Wahl des Königs würde dem Gericht vorgelegt und würde ihre eigenen Räume in allen königlichen Residenzen bekommen. Sie hätte das Recht, mit ihm an allen Gerichtsveranstaltungen teilzunehmen. Sie müssten ihre Beziehung vor niemandem verstecken. Es wäre fast so, als wäre ich mit ihm verheiratet, erklärte Louis ihr.

Jeanne war von seiner Idee begeistert und war sofort bereit, in den Palast einzuziehen. Sie war ziemlich enttäuscht, als Louis sie warnte, dass der Prozess langwierig sein könnte. Da es nur wenige Probleme gab, die sie lösen mussten, bevor dies möglich war. Zum einen müsste sie

titre," he explained.

The position of the King's chief mistress, maîtresse-en-titre, had certain benefits built into it. The King's choice would be presented to the court and would get her own rooms in all royal residences. She would have the right to attend all court events with him. They wouldn't have to hide their relationship from anyone. It would almost be like being married to him, Louis explained to her.

Jeanne loved his idea and was immediately ready to move into the palace. She was quite disappointed when Louis warned her that the process might be a long one. As there were few problems they would need to solve before that could be possible. For

verheiratet sein. Und obendrein kämen nur edle Damen für die Rolle infrage. Jeanne konnte sich nicht vorstellen, wie sie diese Probleme lösen würden, aber zu ihrem Glück hatte der König bereits einige Ideen.

Er würde die Machtgier des Roué für seinen Plan nutzen, Jeanne ganz für sich allein zu haben. Er wusste, dass der Roué einen jüngeren unverheirateten Bruder hatte, den Comte Guillaume du Barry. Der König war sich sicher, dass dieser Bruder gegen eine bestimmte Zahlung zu einer Scheinehe mit Jeanne überredet werden könnte. Dies würde sowohl seine Chérie heiraten als auch sie in eine Dame mit Titel, eine Comtesse, verwandeln. Danach könnte Jeanne als Madame du Barry vor Gericht gestellt werden und ihrem gemeinsamen Leben würde

one, she would need to be married. And on top of that only noble ladies would be eligible for the role. Jeanne couldn't see how they would solve those issues but luckily for her the King had some ideas already.

He would use the Roué's lust for power in his plan to have Jeanne all to himself. He knew that the Roué had a younger unmarried brother, the comte Guillaume du Barry. The King was sure that for a certain payment this brother could be persuaded to enter into a marriage of convenience with Jeanne. This would both make his chérie married and turn her into a titled lady, a Comtesse. After this, Jeanne could be presented to the court as Madame du Barry and there would be no more ob-

nichts mehr im Wege stehen.

Es dauerte fast ein Jahr, bis der Plan des Königs von einer Idee in die Tat umgesetzt wurde. Der Roué war leicht zu überreden, ihnen zu helfen, aber sein Gericht erwies sich als schwieriger. Niemand wollte sich freiwillig melden, um die neue Madame du Barry vorzustellen, und es war wichtig, dass die Präsentation von einem angesehenen Mitglied des Adels gehalten wurde. Schließlich gelang es dem König, eine der Damen zu bestechen, damit sie seinem Plan zustimmte. Und so wurde Jeanne Bécu im April 1769 als Madame du Barry, die neue maitresse-en-titre des Königs, dem französischen Königshof vorgestellt.

stacles to their life together.

The King's plan took almost a year to turn from an idea to actual reality. The Roué was easy enough to persuade to help them, but his court proved to be more difficult. No one wanted to volunteer for introducing the new Madame du Barry and it was vital that the presentation was made by a respected member of the nobility. Finally, the King managed to bribe one of the ladies into agreeing to his plan. And so in April of 1769, Jeanne Bécu was introduced to the French royal court as Madame du Barry, the King's new maitresse-en-titre.

Königliche Feinde
Royal Foes

Jeanne konnte es kaum glauben. Sie hatte einen Adligen geheiratet, war eine Dame mit Titel geworden und dann eine Mätresse für König Ludwig XV. Selbst in ihren wildesten Träumen hätte sie nie so weit gestrebt. Sicher, sie hatte gewusst, dass die Roué das geplant hatten, aber trotzdem wäre alles umsonst gewesen, wenn der König ihr nicht verfallen wäre.

Das Objekt der Liebe des Königs zu sein, war einfach unglaublich. Er schenkte ihr sogar das Chateau de Louveciennes. Sie hatte jetzt ihre eigene Wohnung, wo sie machen konnte, was sie wollte. Louis war süß in seiner Zuneigung und gab ihr das

Jeanne could scarcely believe it. She had married a nobleman, become a titled lady, and then a mistress for King Louis XV himself. Even in her wildest dreams she never would have aimed this far. Sure, she had known that the Roué had planned for this, but still, all of it would have been for nothing if the king wouldn't have fallen for her.

Being the object of the King's love was, simply put, incredible. He even gifted her the Chateau de Louveciennes. She now had her very own residence where she could do whatever she wanted. Louis was sweet in his affections and

Gefühl, geschätzt und respektiert zu werden. Und es war so einfach, sich im Gegenzug um ihn zu kümmern, es kam ganz natürlich wie das Atmen. Tag für Tag konnte Jeanne spüren, wie sie sich in ihn verliebte, obwohl sie zunächst versuchte, Abstand zu halten. Sie wusste, dass der Roué bei seinem Streben nach Macht mehr mit ihr vorhatte, obwohl sie in ihrer Panik dem König etwas anderes gesagt hatte.

Aber sie hatte keine Zeit, sich über die Zukunftspläne des Roué Gedanken zu machen, da sie in ihrem neuen Leben am Hof genug Probleme hatte. Naiverweise hatte sie gedacht, dass ihre neue Position und ihr Status als Dame mit Titel durch ihre Ehe alle dazu bringen würden, sie zu akzeptieren. Leider war dies nicht der Fall. Jeder im Gericht liebte es zu klatschen und so wussten

made her feel cherished and respected. And it was so easy to care about him in return, it came naturally like breathing. Day by day Jeanne could feel herself falling in love with him though she tried to keep her distance at first. She knew that the Roué had more plans for her in his quest for power, even though in her panic she had told the King otherwise.

But she didn't have time to worry about the Roué's future plans as she had enough troubles in her new life at court. Naively, she had thought that her new position, and her status as a titled lady through her marriage, would make everyone accept her. Sadly, this wasn't the case. Everyone in court loved to gossip and so all knew about

alle von ihrer Vergangenheit. Obwohl die Meinung kleinerer Gerichtsmitglieder nicht einmal das größte Problem für sie war. Aber die Tatsache, dass der zukünftige König und die Königin sie zu verachten schienen, war es.

Erbe und Nachfolger des Königs war sein Enkel Louis-Auguste, der im Frühjahr 1770 mit der österreichischen Erzherzogin Marie-Antoinette verheiratet werden sollte. Beide waren damals junge Teenager, und aus irgendeinem Grund schien die junge Erzherzogin Jeanne gehasst zu haben vom ersten blick. Da Marie-Antoinette die zukünftige Königin von Frankreich werden sollte, wollten die meisten Leute vor Gericht ihr gefallen, indem sie ihrem Beispiel folgten. Und als das Gericht Jeanne bereits auf der Hut war, machte diese neue Wendung der

her past. Though the opinion of minor court members wasn't even the biggest problem on her hands. But the fact that the future King and Queen seemed to despise her was.

The King's heir and successsor was his grandson Louis-Auguste, who was to be married to the Austrian Archduchess Marie-Antoinette in the spring of 1770. Both were young teenagers at the time, and for some reason the young Archduchess seemed to have hated Jeanne from the first sight. Since Marie-Antoinette was to become the future Queen of France, most people in court wanted to please her by following her example. And when the court had already been wary of Jeanne, this new

Ereignisse die Sache noch schwieriger für sie.

Während sie ihr Bestes gab, sich anmutig zu verhalten und der Hofetikette zu folgen, hatte ihre gemeinsame Erziehung Spuren bei ihr hinterlassen. Nur die Schwestern der Roué mit den Spitznamen Chon und Pischi waren ihre wahren Freundinnen vor Gericht geworden. Jeder andere um sie herum war entweder ein Spion für ihre Feinde oder vom Roué oder dem König bestochen worden. Und diese Damen stellten sicher, dass sie wusste, wo ihre Loyalität stand, indem sie in ihrer Gegenwart und hinter ihrem Rücken ständig abfällige Bemerkungen machten. Darüber hinaus wurde Jeannes Eingewöhnung an den Hof nicht dadurch begünstigt, dass Roué sie aufforderte, sich an politischen

turn of events made things even more difficult for her.

While she tried her best to act gracefully and follow the court etiquette, her common upbringing had left its mark on her. Only the Roué's sisters, nicknamed Chon and Pischi, had become her real friends in court. Everyone else around her was either a spy for her enemies or bribed by the Roué or the King. And these ladies made sure that she knew where their loyalties stood by making snide remarks constantly in her presence and behind her back. On top of that, Jeanne's settling down to the court was not helped by the fact that Roué demanded her to take part in political matters.

Angelegenheiten zu beteiligen.

1770 kämpften zwei Adlige am französischen Königshof um die Macht: Duc d'Aiguillon und Duc de Choiseul, der damalige Ministerpräsident. d'Aiguillon wurde von den Roué bevorzugt, während Choiseul viele Freunde und Unterstützer vor Gericht hatte. Die bemerkenswertesten davon waren Marie-Antoinette und ihr Kreis von Vertrauten. Unglücklicherweise für Choiseul hatte er langsam den Respekt und das Vertrauen des Königs verloren. Eine Tatsache, die nicht dadurch unterstützt wurde, dass er Jeanne offen verachtete, da er befürchtete, dass sie ein Komplott gegen ihn plante.

Obwohl Jeanne selbst nicht sehr an Politik interessiert war, führte ihr Deal mit den Roué schließlich dazu, dass sie Choiseul

In 1770, two noblemen struggled for power in the French royal court: Duc d'Aiguillon and Duc de Choiseul, who was then the chief minister. d'Aiguillon was favoured by the Roué while Choiseul had many friends and supporters in court. The most notable of these were Marie-Antoinette and her circle of confidants. Unfortunately for Choiseul, he had been slowly losing the King's respect and trust. A fact that was not helped by him openly despising Jeanne as he was afraid that she plotted against him.

Though Jeanne herself wasn't that interested in politics, her deal with the Roué eventually led her to overthrow Choiseul. She had found out from her old lover and

stürzte. Sie hatte von ihrem alten Liebhaber und Zuhälter erfahren, dass Choiseul einen Krieg gegen England plante, was der König vehement zu vermeiden versuchte. Als sie sah, dass die Informationen ihrer neuen Liebe zugute kommen würden, enthüllte sie Louis XV die Pläne von Choiseuls. Für den König war dies der letzte Strohhalm und er entließ Choiseul im Dezember 1770 vom Gericht und übertrug seine Position d'Aiguillon.

Leider machte diese Verkettung von Ereignissen Jeannes Zeit am Hof noch schwieriger. Sie hatte jetzt den Lieblingsminister von Marie-Antoinette gestürzt. Hatte die Erzherzogin früher nur im Schatten und hinter ihrem Rücken schlecht über sie geredet, so verachtete die junge Dauphine von Frankreich sie jetzt offen. Marie schien es sogar zu ihrer

pimp that Choiseul was plotting a war against England, something the King was vehemently trying to avoid. Seeing that the information would benefit her new love, she revealed Choiseuls' plottings to Louis XV. For the King, this was the last straw and he dismissed Choiseul from court in December of 1770, giving his position to d'Aiguillon.

Unfortunately, this chain of events made Jeanne's time at court even more difficult. She had now overthrown the favourite minister of Marie-Antoinette. If earlier the Archduchess had only spoken ill of her in the shadows and behind her back, now the young dauphine of France despised her openly. Marie even seemed to have made it

Hauptaufgabe im Leben gemacht zu haben, Jeanne so weit wie möglich zu demütigen.

„Ich ertrage das nicht. Sie genießt es, mich zu quälen, und ich kann nichts tun, weil sie die zukünftige Königin ist. Es ist demütigend!" Jeanne weinte etwa ein Jahr später zum König.

Sie war gerade aus dem Theater zurückgekommen, wo sie einen weiteren von Marie-Antoinettes grausamen Streichen hatte ertragen müssen. Die Dauphine hatte Jeanne und ihren Freunden die Sitze mit ihrem Gefolge gestohlen und sich dann geweigert, sich von ihnen zu entfernen. Aufgrund der strengen Hofetikette konnte Jeanne nicht mit der Dauphine sprechen, bis Marie-Antoinette sie zuerst ansprach, und nach zwei Jahren hatte sie dies noch nicht getan.

her main purpose in life to humiliate Jeanne as much as possible.

"I can't stand this. She enjoys tormenting me and I can't do anything because she is the future Queen. It's humiliating!" Jeanne cried to the King a year or so later.

She had just come back from the theatre where she had had to endure another of Marie-Antoinette's cruel tricks. The dauphine had stolen Jeanne and friends' seats with her entourage and then refused to move from them. Because of strict court etiquette, Jeanne couldn't speak to the dauphine until Marie-Antoinette would address her first and after two years she had yet to do so. The whole

Das ganze Theater war Zeuge von Jeannes Demütigung geworden.

„Oh Ma Chérie, weine nicht. Sie ist noch jung, ich bin sicher, sie will nicht grausam sein“, versuchte der König seine weinende Geliebte zu beruhigen.

„Wie kann ich glücklich sein, wenn ich hier verachtet werde? Das Gericht wird mich nie wirklich akzeptieren, bis sie es tut“, beschwerte sich Jeanne schluchzend bei ihm.

„Ich werde mir etwas einfallen lassen, Chérie. Ich möchte nicht, dass du diesen Kummer fühlst“, sagte der König schließlich.

Auch er war des kindischen Verhaltens der jungen Dauphine überdrüssig, obwohl er selbst immer ein gutes Verhältnis zu ihr gehabt hatte. Er hatte versucht, Marie-Antoinette Zeit zu geben, sich vor dem französischen Ge-

theatre had witnessed Jeanne's humiliation.

“Oh ma chérie, don't cry. She's still young, I'm sure she doesn't mean to be cruel,” the King tried to soothe his crying mistress.

“How can I be happy when I'm despised here? The court will never accept me truly until she does,” Jeanne complained to him while sobbing.

“I'll think of something, chérie. I don't want you to feel this sorrow,” the King finally said.

He too was getting tired of the young dauphine's childish actions, though he himself had always had a good relationship with her. He had tried to give Marie-Antoinette time to get adjusted in the French court

richt anzupassen, und dabei einige ihrer grausamen Tricks übersehen. Aber jetzt wurde ihm alles zu weit, und er wollte sich auf andere Dinge konzentrieren als auf das kindische Verhalten des Mädchens. Ganz zu schweigen davon, dass es ihm zunehmend peinlich wurde, dass das Mädchen Jeanne nicht akzeptierte. Also schrieb er an ihre nahen Verwandten in Österreich und drängte sie, der Dauphine zu raten, seine Geliebte anzuerkennen. Je früher desto besser.

Eine Zeit lang sah es so aus, als würde sein Plan nicht funktionieren, weil Marie-Antoinette zu stur für ihr eigenes Wohl war. Aber dann stimmte sie widerwillig seinen Forderungen unter dem Druck an mehreren Fronten zu. Am Neujahrstag 1772 wandte sie sich schließlich an Madame du

and had thus overlooked some of her cruel tricks. But now it all was getting too far, and he wanted to focus on other things than the girl's childish behavior. Not to mention that it was becoming a huge embarrassment for him that the girl wouldn't accept Jeanne. So he wrote to her close relatives in Austria, pressuring them to advise the dauphine to recognize his mistress. The sooner, the better.

For a while, it looked like his plan wouldn't work because Marie-Antoinette was too stubborn for her own good. But then she grudgingly agreed to his demands under pressure on multiple fronts. So on New Year's Day In 1772, she finally approached Madame du Barry. The court was having a big celebration in the

Barry. Der Hof feierte eine große Feier im Spiegelsaal des Palastes und Marie-Antoinette wandte sich an Jeanne.

„Heute sind viele Leute in Versailles", kommentierte sie leichthin die verblüffte Geliebte des Königs.

Nur ein beiläufiger Satz, aber das war mehr als genug. Die Dauphine von Frankreich hatte die Maitresse-en-Titre des Königs vor dem gesamten königlichen Hof anerkannt. Wenn sie bereit war, Jeanne zu akzeptieren, mussten andere es auch tun. Der König strahlte breit und umarmte die zukünftige Königin herzlich. Jeanne ihrerseits war überdiesekleineAnerkennungsehrerfreut.

palace's Hall of Mirrors and Marie-Antoinette turned to Jeanne.

"There are many people at Versailles today," she commented lightly to the stunned mistress of the King.

Just one casual sentence but that was more than enough. The dauphine of France had recognized the King's maitresse-en-titre in front of the whole royal court. If she was willing to accept Jeanne, others would have to do so too. The King beamed widely and warmly embraced the future Queen. Jeanne, for her part, was extremely satisfied with this small recognition.

KAPITEL 9

Vom Traum zum Albtraum
From Dream to Nightmare

Nachdem Marie-Antoinette die Position der Geliebten des Königs am Hof angenommen hatte, wurde Jeannes Leben am Hof viel einfacher. Die Leute, die zuvor wegen der Dauphine davor zurückschreckten, sich ihr zu nähern, wurden nun ihre Freunde. Es schien, als hätte das Schicksal in nur einer Nacht alle Sorgen von Jeanne gelöst. Sie konnte sich jetzt mehr auf Dinge konzentrieren, die ihr wichtig waren.

Das bedeutete, sich auf Kunst und Kultur statt auf Politik zu konzentrieren. Jeanne hatte es versäumt, Louveciennes zu dekorieren, also kaufte sie jetzt aufgeregt wunderbare Möbel und Kunstwerke für ihr eigenes

After Marie-Antoinette had accepted the King's mistress' position in court, Jeanne's life in court became much easier. The people who before were wary of approaching her because of the dauphine now became her friends. It seemed like in just one night fate had solved all of Jeanne's worries. She now could focus on things that mattered to her more.

This meant focusing on arts and culture instead of politics. Jeanne had neglected to decorate Louveciennes, so now she excitedly bought wonderful furniture and works of art for her own cha-

Schloss. Dann musste sie ihre Garderobe auffrischen, die Geliebte des Königs musste immer gut aussehen. Dazu gehörte, zu jedem neuen Outfit den passenden Schmuck zu haben. Neue Kunst und Schmuck zu kaufen mag Jeannes schlechte Angewohnheit gewesen sein, aber zumindest das Geld, das sie dafür verwendet hat, kann als Investition für die Zukunft angesehen werden.

Jeanne lebte gerne im Moment und konzentrierte sich darauf, das Beste aus ihrer Zeit vor Gericht zu machen. Sie wusste, dass der König alt war und nicht ewig leben würde. Und wenn der König sterben würde, würden die neuen Herrscher sie sicherlich vom Hof verbannen. Natürlich war Louis XV auch dafür bekannt, sich schnell zu langweilen, und Jeanne hatte Angst, dass seine Zuneigung zu ihr eines Tages verschwinden

teau. Then she needed to freshen up her wardrobe, the King's mistress had to always look her best. Part of that was having suitable jewellery to match every new outfit. Buying new art and jewellery might have been Jeanne's bad habit but at least the money she used for those could be seen as investment for the future.

Jeanne was keen on living in the moment and concentrated on making the most of her time in court. She knew that the King was old and wouldn't live forever. And when the King would die, the new rulers would certainly exile her from court. Of course, Louis XV was also known for getting bored easily and Jeanne was afraid that his affections for her could someday be gone and then

könnte, und was würde sie dann tun? Aber es schien, als hätte der Rest des Gerichts dramatischere Sorgen.

„Machst du dir Sorgen, Jeanne?" fragte ihre Freundin und Schwägerin Chon eines Abends ernsthaft, als sie zusammen dinierten.

„Warum sollte ich mir Sorgen machen? Alles ist in Ordnung", antwortete Jeanne verwirrt. Schließlich hatte sie alles, was sie sich erhoffen konnte.

„Bis jetzt, aber hast du das Geflüster und die Gerüchte noch nicht gehört?" Chon fuhr fort.

„Was für Gerüchte? Es sind immer so viele", sagte Jeanne lachend und versuchte, die Stimmung aufzuhellen.

„Dass sich die Dinge ändern, die Menschen werden unruhig und wütend. In unserer Zukunft

what would she do? But it seemed like the rest of the court had more dramatic worries.

"Are you worried, Jeanne?" Her friend and sister-in-law Chon asked seriously one evening while they were dining together.

"Why should I be worried? Everything is fine," Jeanne answered, confused. After all, she had everything she could hope for.

"So far, but haven't you heard the whispers and rumors?" Chon continued.

"What rumors? There are always so many of them," Jeanne said laughingly, trying to lighten the mood.

"That things are changing, the people are becoming restless and angry. There may be uprisings and violent out-

könnte es zu Aufständen und Gewaltausbrüchen kommen“, flüsterte Chon zurück, als würde das laute Aussprechen der Ängste sie auslösen.

„Die Menschen haben immer untereinander gekämpft. Warum sich darüber Sorgen machen?“

„Aber dieses Mal könnten sie hinter uns her sein. Die Monarchie, der Königshof und der Adel“, erklärte Chon ernst.

„Nun, es ist gut, dass ich nicht als edle Dame geboren wurde. Oh, mach dir keine Sorgen, Süße. Es gibt immer wieder ominöse Gerüchte, aber wir sind doch alle noch da, oder? Die Menschen in Frankreich mögen sich beschweren, aber sie respektieren die Krone“, sagte Jeanne leichthin, und das Thema wurde fallen gelassen.

Sie hatte natürlich auch Ge-

bursts in our future,” Chon whispered back as if saying the fears out loud would make them happen.

“The people have always fought amongst themselves. Why worry about that?”

“But this time they might come after us. The monarchy, the royal court, and the nobility,” Chon explained gravely.

“Well, it’s a good thing I wasn't born a noble lady. Oh, don’t worry, sweetie. There are always ominous rumors but we’re all still here, aren’t we? The people of France might complain but they respect the crown,” Jeanne lightly said, and the subject was dropped.

She had, of course, heard

rüchte über zukünftige Aufstände gehört, machte sich darüber aber nicht allzu viele Gedanken. Sie hatte ihre ersten Jahre als Bürgerliche gelebt, sie sah sich in gewisser Weise immer noch als solche, sodass die wirklichen Ängste anderer Adliger sie nicht berührten. Zum Teil, weil ihre fröhliche Persönlichkeit und ihre positive Einstellung es ihr nicht erlauben würden, vor Angst zu grübeln. Sie hatte ihre Kämpfe immer überstanden und würde dies auch weiterhin tun. Obwohl sie auch andere Probleme hatte, auf die sie sich konzentrieren musste.

Abgesehen davon, dass sie ein bisschen paranoid war, weil sie die Liebe des Königs verloren hatte, musste sie sich mit dem Roué und seinen Forderungen auseinandersetzen. Er war nicht glücklich über ihre Entscheidung, sich aus der

rumors about future uprisings too but didn't worry about them too much. She had lived as a commoner her first years, she still in a way saw herself as one, so the real fears of other nobles didn't affect her. Partly because of her cheerful personality and positive mindset wouldn't allow her to ruminate in fear. She had always survived her struggles and would continue to do so. Though she also had other problems on her hands to focus on.

On top of being a bit paranoid about losing the King's love, she had to deal with the Roué and his demands. He wasn't happy about her decision to stay out of politics and tried to get her to change her

Politik herauszuhalten, und versuchte, sie dazu zu bringen, ihre Meinung zu ändern. Außerdem erpresste er sie auf subtile Weise, um den König davon zu überzeugen, ihm mehr Geld zu geben. Zum Glück ließ Louis XV den Roué nicht an den königlichen Hof, aber der Comte schrieb regelmäßig an Jeanne. Seine Briefe waren voller kaum verhüllter Drohungen.

Meine liebe Madame,

Seit meinem letzten Brief habe ich nichts mehr von Ihnen gehört. Ich hoffe, Ihr Schweigen bedeutet, dass Sie daran arbeiten, meine Bitten zu erfüllen. Ihr genießt das Vertrauen und den Respekt unseres Königs, also sollte es nicht allzu lange dauern, ihn zu überzeugen. Ich bin sicher, ich muss Sie nicht noch einmal daran erinnern, was auf dem Spiel steht. Denken Sie nur daran, dass die Zustimmung des Königs uns

mind. Further-more, he was subtly blackmailing her to persuade the King to give him more money. Thankfully, Louis XV wouldn't let the Roué in the royal court but the comte wrote to Jeanne regularly. His letters were full of thinly veiled threats.

My dear Madame,

I have not heard from you since my last letter. I'm hopeful your silence means that you are working to fulfill my requests. You have our king's trust and respect so persuading him shouldn't take too long. I'm sure I don't have to remind you again what is at stake. Just remember that the king's consent benefits us both. We all would hate to see him fall out of love.

beiden zugute kommt. Wir alle würden es hassen zu sehen, wie er die Liebe verliert.

Ihr bescheidener Schwager,

Das Roue

Jeanne befand sich in einer schwierigen Lage, da der König ihr bereits mitgeteilt hatte, dass der Comte kein Geld mehr von ihm bekommen würde, aber sie war sich nicht sicher, ob der Comte in seinen Briefen nur bluffte. Sie wusste, dass der Mann sehr berechnend war und nicht zögern würde, ihre Lügen aufzudecken, wenn es ihm nützte. Sie versuchte, positiv zu bleiben und hoffte, dass sich wie so oft eine Lösung ergeben würde. Aber das Schicksal hatte andere Dinge für sie vorgesehen.

Im Frühjahr 1774 wurde Jeannes schlimmste Angst lebendig. Sie und der König hatten schöne Frühlingsferien in Louveciennes

Your humble brother-in-law,

The Roué

Jeanne found herself in a hard place as the King had already informed her that the comte wouldn't get any more money from him, but she wasn't sure if the comte was just bluffing in his letters. She knew that the man was very calculating and wouldn't hesitate to expose her lies if it benefited him. She tried to stay positive and hoped that some kind of solution would emerge as it often had before. But fate had other things planned for her.

In the spring of 1774, Jeanne's worst fear came to life. She and the King had been enjoying a lovely spring holiday in Louveciennes

verbracht, als er plötzlich krank wurde. Der königliche Arzt befahl sofort, den König in den Palast zurückzubringen, wo er untersucht werden konnte. Nach gründlichen Untersuchungen war die Nachricht des Arztes niederschmetternd. Der König hatte sich Pocken zugezogen und würde wahrscheinlich innerhalb weniger Tage sterben. Jeannes Welt brach zusammen.

when he suddenly got sick. The royal physician immediately ordered the King to be moved back to the palace where he could be examined. After thorough examinations, the physician's news was devastating. The King had contracted smallpox and would likely die within days. Jeanne's world crumbled.

KAPITEL 10

Ganz allein
All Alone

Der 10. Mai 1774

Meine Liebe,

Du bist nicht mehr hier. Ich habe gerade von deinem Ableben erfahren. Oh, wie schmerzt mein Herz für dich. Es fühlt sich an, als hätte ich in den letzten Tagen nur geweint. Dich zu verlassen war das Schwierigste, was ich je getan habe, aber ich weiß, warum du darum gebeten hast. Du wolltest von allen Sünden befreit werden, als der Himmel endlich nach dir rief. Und wie könnte ich

The 10th of May, 1774

My Love,

You are here no more. I have just been told of your passing. Oh, how my heart aches for you. It feels like I have done nothing more than weep these last few days. Leaving you was the hardest thing I've ever done but I know why you asked for it. You wanted to be freed of all sins when the heavens finally called for you.

gegen diesen demütigen Wunsch von dir sein? Ich liebe dich so sehr.

Deine letzten Tage müssen so sehr schmerzhaft gewesen sein. Ich habe gesehen, wie die Krankheit deinen Körper erfasst hat. Und wie das Licht in deinen Augen zu schwinden begann. Der Gedanke, deine liebevollen Augen nie wieder zu sehen, bricht mir das Herz. Ich werde niemals dein strahlendes Lachen hören. Spüre niemals deine sanfte Berührung an meinem Körper.

Die kommenden Tage scheinen so dunkel. Es wird

And how could I be against that humble wish of yours? I love you so much.

Your last days must have been so very painful. I saw how the disease took hold of your body. And how the light in your eyes started to dim. The thought of never seeing your loving eyes again breaks my heart. I will never hear your bright laughter. Never feel your gentle touch on my body.

The days ahead seem so dark. I won't be permitted to see you laid

mir nicht gestattet, dich begraben zu sehen, also wird mein einziger Trost darin bestehen, diese Notizen für dich zu schreiben. Vielleicht siehst du sie durch ein Wunder oder spürst zumindest meine grenzenlose Liebe für dich, während du in deinem ewigen Schlaf ruhst.

Deine Chérie,

Jeanne

to rest so my only comfort will be writing these notes for you. Maybe, by some miracle, you see them or at least feel my boundless love for you while you rest in your eternal sleep.

Your chérie,

Jeanne

Der 8. Juni 1774

Meine Liebe,

Seit deinem Tod ist fast ein Monat vergangen. Ich habe immer noch Schmerzen. Vermisse dich immer noch. Ich habe unsere

The 8th of June, 1774

My Love,

It's almost a month since your passing. I'm still aching. Still missing you. I've been reliv-

gemeinsamen Momente immer wieder durchlebt. Es ist so still hier in diesem Kloster. Und ich verbringe zu viel Zeit allein mit meinen Gedanken und Erinnerungen.

Ich denke ständig an all die Dinge, die ich dir hätte sagen sollen. Und all die Dinge, die ich vor dir versteckt habe. Ich wollte dich nie betrügen. Meine Gefühle waren echt, sind und werden immer echt sein, auch wenn meine Absichten nicht ganz rein waren. Auch wenn unsere Liebe vom Roué orchestriert wurde.

Aber ich habe mich in

ing our moments together over and over. It's so quiet here in this convent. And I spend too much time alone with my thoughts and memories.

I keep thinking of all the things I should have told you. And all the things I hid from you. I never wanted to deceive you. My feelings were real, are and always will be real, even if my intentions weren't wholly pure. Even if our love was orchestrated by the Roué.

But I fell for you as you did for me. I wanted

dich verliebt, wie du es in mich getan hast. Ich wollte mich um dich kümmern, dich schätzen und lieben wie niemand zuvor. Ich wünschte nur, wir hätten mehr Zeit zusammen gehabt. Gemeinsam alt werden. Aber du bist weg und ich bin ganz allein.

Deine Chérie,

Jeanne

to take care of you, treasure you and love you like no one had before. I just wish that we would have been given more time together. To grow old together. But you're gone and I'm all alone.

Your chérie,

Jeanne

Der 17. Juni 1774

Meine Liebe,

Ich wurde von Ängsten geplagt. Ich hoffe, dass du nie an meiner Liebe gezweifelt hast, so wie ich an deiner gezweifelt habe. Ich

The 17th of June, 1774

My Love,

I've been plagued with fears. I hope that you never doubted my love as I doubted yours. I was afraid that you would lose

hatte Angst, dass du das Interesse an mir verlieren würdest. Ich weiß jetzt, wie dumm ich war. Du warst beständig in deiner Liebe und ich hätte nie daran zweifeln sollen. Wie könnte ich an deiner Liebe zweifeln?

Allein die Nächte waren so kalt. Die Tage sind so langweilig und farblos. Ich weiß nicht, wie lange sie mich hier festhalten werden. Eingesperrt in diesem dunklen Kloster auf Befehl der Königin. Mit Louis-Auguste als neuem König muss Louis XVI, Marie-Antoinette zufrieden sein.

interest in me. I know now how silly I was. You were constant in your love and I never should have doubted that. How could I doubt your love?

The nights alone have been so cold. The days are so dull and lacking colour. I don't know how long they're going to hold me here. Confined in this dark convent by the orders of the Queen. With Louis-Auguste as the new king, Louis XVI, Marie-Antoinette must be pleased. I'm sure she is enjoying

Ich bin sicher, sie genießt meinen Untergang.

Außerdem kommen die Nonnen und ich nicht miteinander aus. Sie billigen meinen Lebensstil nicht. Ich wünschte du wärst hier an meiner Seite. Ich vermisse deine Liebe und Unterstützung.

Deine Chérie,

Jeanne

Der 21. September 1774

Meine Liebe,

Das Leben beginnt sich etwas leichter anzufühlen. Obwohl die Tage draußen dunkler werden, wird mein

my downfall.

Also, the nuns and I don't get along. They don't approve of my lifestyle. I wish you were here by my side. I miss your love and support.

Your chérie,

Jeanne

The 21st of September, 1774

My Love,

Life begins to feel a bit lighter. Though the days are getting darker outside, my mind is get-

Geist heller. Ich vermisse dich immer noch, aber ich kann meine Tage nicht verschwenden. Das würdest du doch nicht wollen, oder? Du hast es geliebt, mich munter zu sehen, und so werde ich dir zu Ehren wieder munter sein.

Die Nonnen wärmen sich für mich auf. Ich glaube, sie fangen an, an meinen Sünden vorbei zu sehen. Du weißt, dass ich kein schlechter Mensch bin, auch wenn ich unmoralisch gelebt habe. Und ich bin mir sicher, dass sie gesehen haben, wie echt meine Liebe zu dir ist. Das Kloster fühlt sich heutzutage so warm an und meine neuen

ting brighter. I still miss you but I cannot waste my days away. You wouldn't want that, would you? You loved to see me lively and so, in your honour, I shall be lively again.

The nuns are warming up to me. I think they are starting to see past my sins. You know that I'm not a bad person even if I've lived in an immoral way. And I'm sure that they have seen how real my love for you is. The convent feels so warm nowadays and

Freunde trösten mich in den dunkelsten Zeiten.

Deine Chérie,

Jeanne

Der 5. März 1775

Meine Liebe,

Ich habe so lange nicht für dich geschrieben. Ich lerne, alleine zu leben. In gewisser Weise war es befreiend, hier zu sein. Keine Männer zu gefallen. Sie müssen niemanden täuschen. Die Nonnen haben meine Gesellschaft genossen. Sie mögen mich für das, was ich bin, nicht für das, was ich vorgebe zu sein. Obwohl ich sicher bin, dass du mein

my new friends comfort me in the darkest times.

Your chérie,

Jeanne

The 5th of March, 1775

My Love,

I haven't written for you in so long. I'm learning to live on my own. In a way, it's been freeing being here. No men to please. No need to deceive anyone. The nuns have enjoyed my company. They like me for who I am not for who I pretend to be. Though I'm sure you knew and loved the real

wahres Ich auch kanntest und liebst.

Aber trotzdem erwartet man als Mann Perfektion. Die Nonnen wünschen nur, dass ich mein Bestes gebe. Ich bin motiviert, ein ganz neues Leben zu beginnen. Ein Leben, in dem ich danach strebe, besser zu werden. Mach dir keine Sorgen! Ich verändere mich nicht oder werde eine alte Jungfer. Aber ich möchte frei sein von Geheimnissen und Lügen, Betrug und Vortäuschung.

Ich habe mich getraut, Marie-Antoinette zu schreiben. Ich bitte um Nachsicht, damit ich diese Haft verlassen kann. Sie hat

me too.

But still, as a man, you expected perfection. The nuns just wish that I try my best. I'm motivated to start a whole new life. A life where I will aim to be better. Don't worry! I'm not changing myself or becoming an old maid. But I want to be free of secrets and lies, deceit and pretending.

I've dared to write to Marie-Antoinette. Asking for leniency so that I could leave this confinement. She hasn't answered yet. But I'm

noch nicht geantwortet. Aber ich hoffe, dass sie bereit ist, vernünftig zu sein.

Deine Chérie,

Jeanne

Der 10. April 1775

Meine Liebe,

Unser König hat mir freundlicherweise die Erlaubnis erteilt, dieses Kloster endlich zu verlassen. Mit einer Bedingung. Ich werde niemals meinen Fuß an den königlichen Hof setzen. Aber warum sollte ich wieder vor Gericht gehen wollen? Ohne dich gibt es nichts für mich. Die Säle dieses prächtigen Palastes

hopeful that she is willing to be reasonable.

Your chérie,

Jeanne

The 10th of April, 1775

My Love,

Our king has graciously given me permission to leave this convent finally. With one condition. I shall never set my foot in the royal court. But why would I want to go back to court? There's nothing there for me without you. The halls of that magnificent palace were once so inviting but without you they would be

waren einst so einladend, aber ohne dich wären sie kalt und urteilend.

Aber es war nicht einfach, den König und die Königin davon zu überzeugen. Aber sie glaubten schließlich. Ich fahre morgen nach Louveciennes. Dein schönes Geschenk für mich soll mein zukünftiges Zuhause werden. Es war so ein unglaubliches Liebesnest für uns und ich hoffe, dass diese glücklichen Erinnerungen mir helfen werden, mein Leben alleine fortzusetzen. Ich kann mir ein Lächeln nicht verkneifen, wenn ich mich daran erinnere, wie sorglos du dort warst. Es ist ein Ort voller

cold and judging.

But it wasn't easy to convince the king and Queen of that. But they believed, eventually. I'm leaving tomorrow for Louveciennes. Your lovely gift for me shall become my future home. It was such an incredible love nest for us and I'm hoping that those happy memories will help me to continue my life alone. I can't help but smile as I remember how carefree you were there. It is a place filled with warmth

Wärme und nach diesem kalten Jahr genau das, was ich dringend brauche.

Dies ist mein letzter Brief an Sie. Ich kann nicht wirklich wieder leben, wenn ich Briefe an jemanden schreibe, der nicht hier ist. Und ich kann nicht wieder lieben, wenn ich an dir festhalte. Also werde ich dich gehen lassen. Aber ich werde unsere glücklichen Erinnerungen immer zusammen in meinem Herzen tragen. Vielleicht treffen wir uns eines Tages im Himmel und ich kann dich wieder umarmen. Bis dann...
Ruhe in Frieden, meine Liebe.

and after this cold year it's what I desperately need.

This is my last letter to you. I cannot truly live again if I'm writing letters to someone who is not here. And I cannot love again if I'm holding onto you. So I shall let you go. But I will always hold our happy memories together in my heart. Maybe one day we will meet in the heavens and I can embrace you again. Until then...

Rest in peace, my love.

KAPITEL 11

Spätere Jahre

Later Years

Nachdem ihr Exil im Kloster endete, zog Jeanne nach Louveciennes, dem schönen Schloss, das Ludwig XV. ihr in den frühen Tagen ihrer Beziehung geschenkt hatte. Sie lebte dort bis zu ihrem Tod, und allen Berichten zufolge war ihr Leben in den Jahren vor dem Ausbruch der Französischen Revolution im Jahr 1789 recht glücklich. Sie bewirtete ihre alten Freunde vom Hof und hatte auch zwei Affären.

Die erste Affäre war mit einem Engländer namens Henry Seymour, der sich mit seiner jungen Frau in einem nahe gelegenen Schloss niedergelassen hatte. Es war eine turbulente und leidenschaftliche Beziehung, die nicht lange anhielt.

After her exile at the convent ended, Jeanne moved to Louveciennes, the lovely chateau Louis XV had gifted her in the early days of their relationship. She lived there until her death and from all accounts her life was quite happy in the years before the French revolution broke out in 1789. She entertained her old friends from court and had two affairs too.

The first affair was with an Englishman called Henry Seymour who had settled down in a nearby chateau with his young wife. Theirs was a tumultuous and passionate relationship that

In ihren späteren Jahren verliebte sie sich in einen gewissen Duc de Brissac. Auch er war verheiratet, aber wie in den meisten Fällen zu dieser Zeit störte es seine Frau nicht allzu sehr. Seine Beziehung zu Jeanne dauerte bis zu seinem Tod in den Wirren der Revolution im Jahr 1792.

In gewisser Weise ließ der gewaltsame Tod ihres Geliebten Jeanne endlich die Gefahren der Zeit erkennen, obwohl sie bis zum Ende optimistisch über ihr Schicksal blieb. Madame du Barry wurde 1793 verhaftet und beschuldigt, Emigranten geholfen zu haben, die vor der Revolution geflohen waren. Während ihres Prozesses machten einige ihrer Mitarbeiter Zeugenaussagen, die zu ihrer Verurteilung führten. Sie versuchte naiv, sich selbst zu retten, indem sie die Standorte ihres teuren Schmucks preisgab,

didn't last long. In her later years she fell in love with one Duc de Brissac. He too was married but like in most cases at the time, his wife didn't mind too much. His relationship with Jeanne lasted until his death in the throes of the revolution in 1792.

In a way her lover's violent death finally made Jeanne realize the dangers of the time, though she stayed optimistic about her fate until the very end. Madame du Barry was arrested in 1793 and accused of assisting émigrés who had fled the revolution. During her trial, some of her staff gave testimonies that led to her conviction. She naively tried to save herself by revealing the locations of her expensive jewellery, but she was still

aber sie wurde trotzdem durch die Guillotine zum Tode verurteilt.

Am 8. Dezember 1793 wurde sie zu ihrer Hinrichtung geschleppt. Menschenmassen hatten sich versammelt, um das Ereignis zu sehen, und Jeanne versuchte verzweifelt, sie dazu zu bringen, ihr zu helfen. Aber niemand beeilte sich, sie zu retten. Mit einem letzten verzweifelten Schrei flehte sie den Henker an.

„Nur noch einen Moment, Monsieur. Ich bitte Sie!“

Aber der Henker ignorierte ihre Bitte und zwang sie grob zur Guillotine. Kurz darauf fiel die Klinge mit einem lauten Zischen herab und schnitt ihr den Kopf ab. Und Jeanne Bécu, Madame du Barry, war nichtmehr.

condemned to death by guillotine.

On the 8th of December in 1793, she was dragged to her execution. Crowds had gathered to watch the event and Jeanne tried to desperately get them to help her. But no one rushed to save her. With a final desperate yell, she pleaded with the executioner.

"Just one more moment, Monsieur. I beg you!"

But the executioner ignored her plea and roughly forced her to the guillotine. Soon after that, with a loud swish, the blade dropped, cutting her head off. And Jeanne Bécu, Madame du Barry, was no more.

Recommended reading

First German Reader for Beginners (Volume 1)
Bilingual for Speakers of English
Beginner Elementary (A1 A2)

The book consists of Elementary and Pre-intermediate courses with parallel German-English texts. The author maintains learners' motivation by funny stories about real life situations such as meeting people, studying, job searches, working etc. The method utilizes the natural human ability to remember words used in texts repeatedly and systematically. The author composed each sentence using only words explained in previous chapters. The second and the following chapters of the Elementary course have only about thirty new words each. The audio tracks are available inclusive on www.audiolego.com/Book/German-1

First German Reader (Volume 2)
Bilingual for Speakers of English
Elementary (A2)

This book is Volume 2 of First German Reader for Beginners. There are simple and funny German texts for easy reading. The book consists of Elementary course with parallel German-English texts. The author maintains learners' motivation with funny stories about real life situations such as meeting people, studying, job searches, working etc. The method utilizes the natural human ability to remember words used in texts repeatedly and systematically. The audio tracks and samples are available inclusive on www.audiolego.com/Book/German-2

First German Reader (Volume 3)
Bilingual for Speakers of English
Elementary (A2)

This book is Volume 3 of First German Reader for Beginners. There are simple and funny German texts for easy reading. The book consists of Elementary course with parallel German-English texts. The author maintains learners' motivation with funny stories about real life situations such as meeting people, studying, job searches, working etc. The method utilizes the natural human ability to remember words used in texts repeatedly and systematically. The audio tracks and samples are available inclusive on www.audiolego.com/Book/German-3

First German Reader for Beginners
Bilingual for Children and Parents
Beginner (A1)

The book contains a beginner's course for children with parallel German-English translation. There are a few pictures and the first simple sentences in the first chapter. More pictures and vocabulary are added in the second and following chapters. They build up little stories, guiding a learner gently into the English language. The method utilizes the natural human ability to remember words used in texts repeatedly and systematically. The audio tracks and samples are available inclusive on

www.audiolego.com/Book/German-11

First German Reader for Students
Bilingual for Speakers of English
Beginner Elementary (A1 A2)

Each chapter of the book is filled with words that are organized by topic, then used in a story in German. Questions and answers rephrase information and text is repeated in English to aid comprehension. The quick and easy-to-use format organizes many of life's situations from knowing your way around the house, studying at university, or getting a job. The method utilizes the natural human ability to remember words used in texts repeatedly and systematically. The audio tracks and samples are available inclusive on www.audiolego.com/Book/German-10

First German Reader for Cooking
Bilingual for Speakers of English
Beginner Elementary (A1 A2)

When learning a language, familiarity in the subject helps connect one language to another. The First German Reader for Cooking provides the words and phrases in both English and German. Twenty-five chapters are divided into themes and topics related to cooking and food. Recipe directions along with easy questions and answers demonstrate the usage of these words and phrases. Supplementary resources include the German/English and English/German dictionaries. It might make you hungry or it might help German language learners like you improve their understanding in a familiar setting of the kitchen. The audio tracks and samples are available inclusive on www.audiolego.com/Book/German-9

First German Reader for Business
Bilingual for Speakers of English
Beginner Elementary (A1 A2)

The German you learn in high school or college does not always include the vocabulary you need in a professional environment. The First German Reader for Business is a resource that guides conversational bilinguals with the German vocabulary, phrases, and questions that are relevant to many situations in the workplace. With 25 chapters on topics from the office to software and supplementary resources including the German/English and English/German dictionaries, it is the book to help the businessperson take their German language knowledge to the professional level. The audio tracks and samples are available inclusive on www.audiolego.com/Book/German-12

First German Medical Reader for Health Professions and Nursing
Bilingual for Speakers of English
Beginner Elementary (A1 A2)

First German Medical Reader will give you the words and phrases necessary for helping patients making appointments, informing them of their diagnosis, and their treatment options. Medical specialties range from ENT to dentistry. The method utilizes the natural human ability to re-member words used in texts repeatedly and sys-tematically. Supplementary resources include the German/English and English/German dictionaries, audio tracks, the 1300 important German words. The audio tracks are available inclusive on www.audiolego.com/Book/German-13

First German Reader for the Family
Bilingual for Speakers of English
Beginner Elementary (A1 A2)

How do you ask in a clear and precise way about relatives of your friends? Ask and answer questions about situations at home, on your way to school or university, at work, in hospital etc. Through this method, a person will be able to enhance his or her ability to remember the words that has been incorporated into consequent sentences. The audio tracks and samples are available inclusive on www.audiolego.com/Book/German-15

Thomas's Fears and Hopes
Short Stories in Plain Spoken German
Bilingual for speakers of English
Pre-intermediate (B1)

Thomas had returned home to Georgia for his father's funeral. He became informed that he would receive the entire estate as he was the only child. Then a few events happened that scared him. The audio tracks are available inclusive on www.audiolego.com/Book/German-6

First German Reader for Tourists
Bilingual for Speakers of English
Beginner (A1)

If you would like to travel and learn German at A1 level, this book is the best choice. Unlike a phrasebook, it is composed with the thought of systematic learning approach. Through this method, a person will be able to enhance his or her ability to remember the words that has been incorporated into consequent sentences. The audio tracks and samples are available inclusive online.

Learn German Language Through Dialogue

Bilingual for Speakers of English
Beginner Elementary (A1 A2)

The textbook gives you a lot of examples on how questions in German should be formed. It is easy to see the difference between German and English using parallel translation. Common questions and answers used in everyday situations are explained simply enough even for beginners. Some sayings and jokes make it engaging despite four cases that make German a little difficult for some students. The audio tracks and samples are available inclusive on www.audiolego.com/Book/German-5

Die Abenteuer von Benny & Ollie in gefährlichen Situationen

Tips for discussing child safety and what you can do to help your child. Tips for parents to help their children stay safe and what your child can do. Outside and at home. This bilingual book contains German-English parallel translation.

Fremde Wasser
Intermediate German Reader
Parallel translation for speakers of English

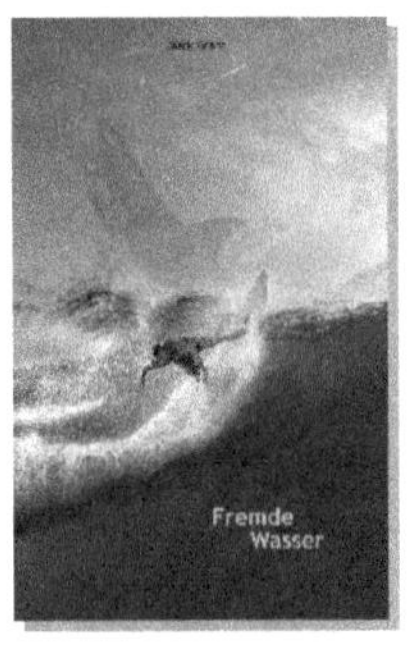

Being a co-founder of a two-men business has its pros and cons. The cold waters of self-employment do not fit everyone. The audio tracks are available inclusive on www.audiolego.com/Book/German-7

Schatten der Vergangenheit
Intermediate level
Bilingual for Speakers of English

Forensic science was one of Damien Morin's passions. However, the first real crime that he investigated led him to his own past. The audio tracks are available inclusive online.

Werverlor das Geld? Who lost the money?

The first part of the book explains with examples of basic sentence structure of German language. The German and English texts are located parallel for easier understanding. Each chapter contains patterns of basic sentence structure according to two or three grammar topics. The second part of the book, which is also composed of simple sentences, represents a detective story. The method utilizes the natural human ability to remember words used in texts repeatedly and systematically. The audio tracks are available inclusive on www.audiolego.com/Book/German-16